KB268480

한국인이 사랑한 유럽의 도시 9

백승선 지음

따가운 한여름의 햇빛이 쏟아지던 어느 오후.
블타바 강 옆 숲속엔 나라도, 언어도, 성별도 다양한 사람들이
저마다의 이야기 꽃을 피우고 있었지.
현지인과 여행자들은 서로를 바라보며
친밀해지고 싶은 호기심을 보인다.
먼저 마음을 열어주며 미소로 친구를 초대하는 사람들.
강가 숲속에서 만난 햇살보다 더 밝게 빛나던 사람들.
이번 여행은 벌써부터 아름다운 향기가 나기 시작한다.

햇빛 찬란한 어느 날,
당신만의 여행이 시작된다.

프롤로그

잠시 쉬면서 여행지에 대해 더 알아보고, 지도를 보며 다음 이동할 곳을 체크하는 사람들. 옆의 사진은 여행에 대해 말해주는 듯합니다. 어쩌면 여행도 공부가 필요한지 모릅니다.

사진을 정리할 때마다 드는 생각은, '나는 그곳에 갔다 온 것일까'입니다. 사진 속 장소는 기억이 나지만 그곳의 정보는 지우개로 지운 것처럼 하나도 남지 않은 경우가 많습니다.

어떤 시인이 쓴 글처럼, 여행이 끝나고 나면 다음번엔 좀 더 잘 하고 싶어졌지만 나의 여행은 후회의 연속이었던 것 같습니다.

다시 또 하나의 책을 만들면서 그 느낌을 정말 잘 전달하고 싶었습니다. 이번엔 최대한 나의 이야기가 아닌 그곳에 대한 이야기를 기록하려 합니다.

어설픈 정보만 전달하는 것 같아 걱정되지만 누군가에겐 꿈꾸어왔던 첫 여행지일 그곳, 누군가에게는 추억이 남아 있을 그곳, 지난 13년 간 도시를 걸으며 만났던 유럽의 풍경들을 나누고자 합니다.

사람들의 마음속 도시는 모두 다를 수밖에 없기에 아홉 곳에 한정시키는 것이 죄송한 마음도 있지만 어떤 풍경을 보든 세상은 아름다움으로 가득한 곳임을 전하며 당신이 꿈꾸는 도시에 더해지기를 바랍니다.

마음에 품어온 도시를 향해, 모두가 꿈꾸는 도시를 향해 기슴에 인생 사진 하나는 남기기 위해서 오늘도 여행을 떠나는 당신의 용기를 응원합니다.

contents

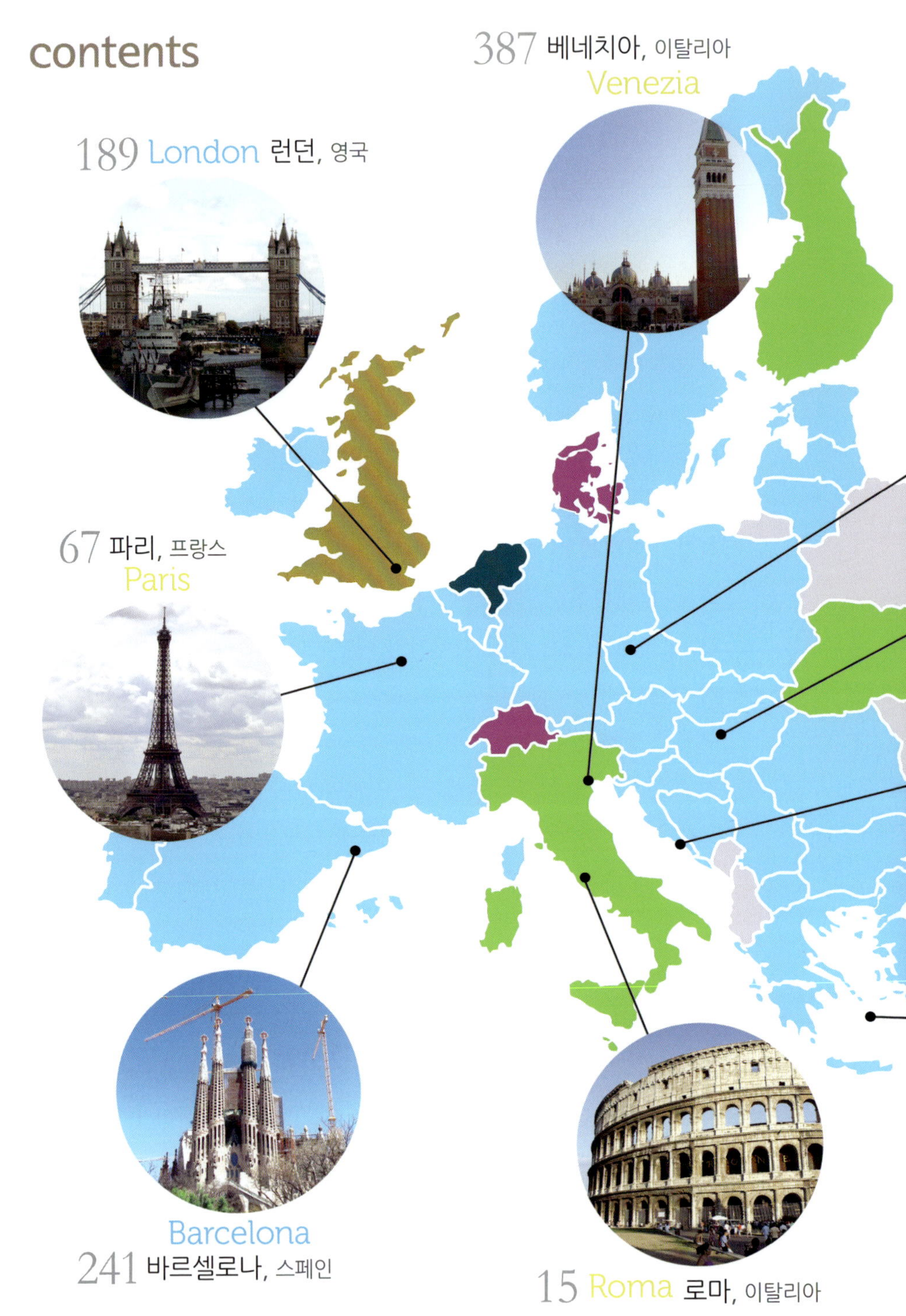

387 베네치아, 이탈리아
Venezia

189 London 런던, 영국

67 파리, 프랑스
Paris

Barcelona
241 바르셀로나, 스페인

15 Roma 로마, 이탈리아

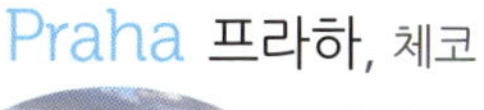
Praha 프라하, 체코
141

341 부다페스트, 헝가리
Budapest

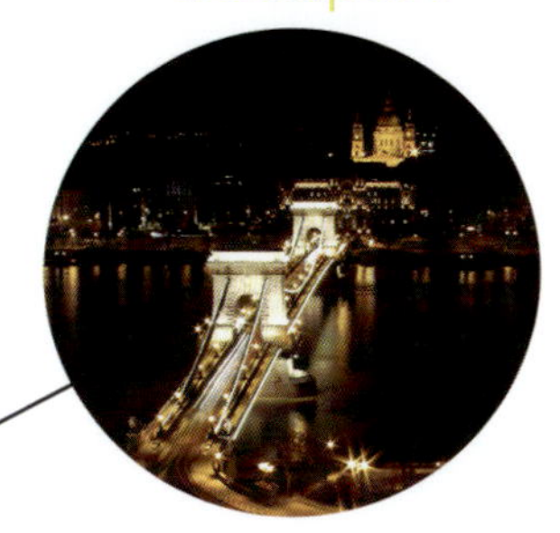

Dubrovnik 두브로브니크, 크로아티아
437

Europe 9

308

Santorini 산토리니, 그리스

‘모든 길은 로마로 통한다’ 라는 말이 있을 정도로 로마는 유럽의 역사에서
도 전무후무한 강성국가다.

너무나 많은 유적, 성당, 박물관, 광장, 그리고 너무나 많은 사람……

거대한 역사의 도시 로마에서, 피자를 굽고 웃고 떠들어대며

우렁찬 목소리로 어디에서나 칸초네를 불러대는

세상에서 가장 낭만적이고 유머스러운 친구 같은 로마인을 만나는

도시로의 여행.

Roma

로마 _이탈리아

'가장 가고 싶은 여행지'로 모두가 꿈꾸는 도시, 로마.
모든 것이 다 영화 속 한 장면 같은 도시 로마.

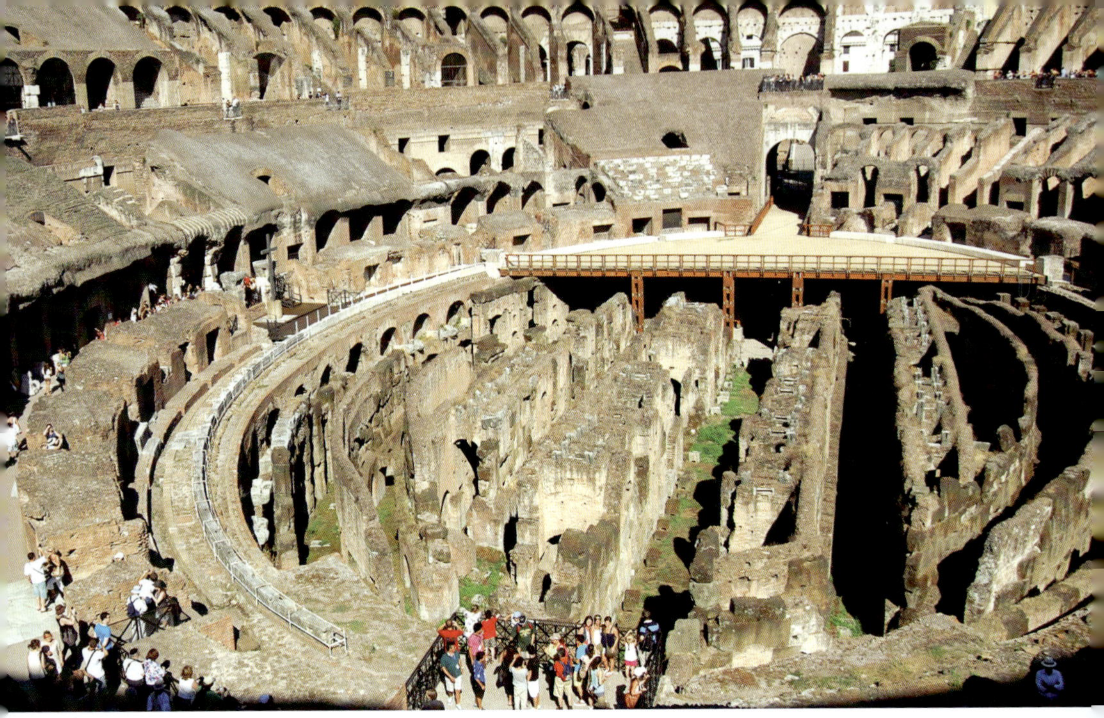

Colosseum 콜로세움

로마를 상징하는 거대한 원형경기장 겸 극장인 콜로세움은 당시 로마인들의 생활상을 엿볼 수 있는 대표적인 건축물이다. 고대 로마 유적지 중 가장 규모가 큰 것으로 최대 지름 188미터, 최소 지름 156미터, 둘레 527미터, 높이 57미터의 4층으로 된 타원형 건물로 80개가 넘는 아치에 약 6만 명을 수용할 수 있는 경기장이었다고. 이탈리아어로 콜로세오Colosseo 라고 불리고 있으며, 정식 명칭은 '플라비우스 원형극장'이다.

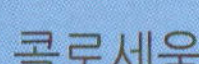

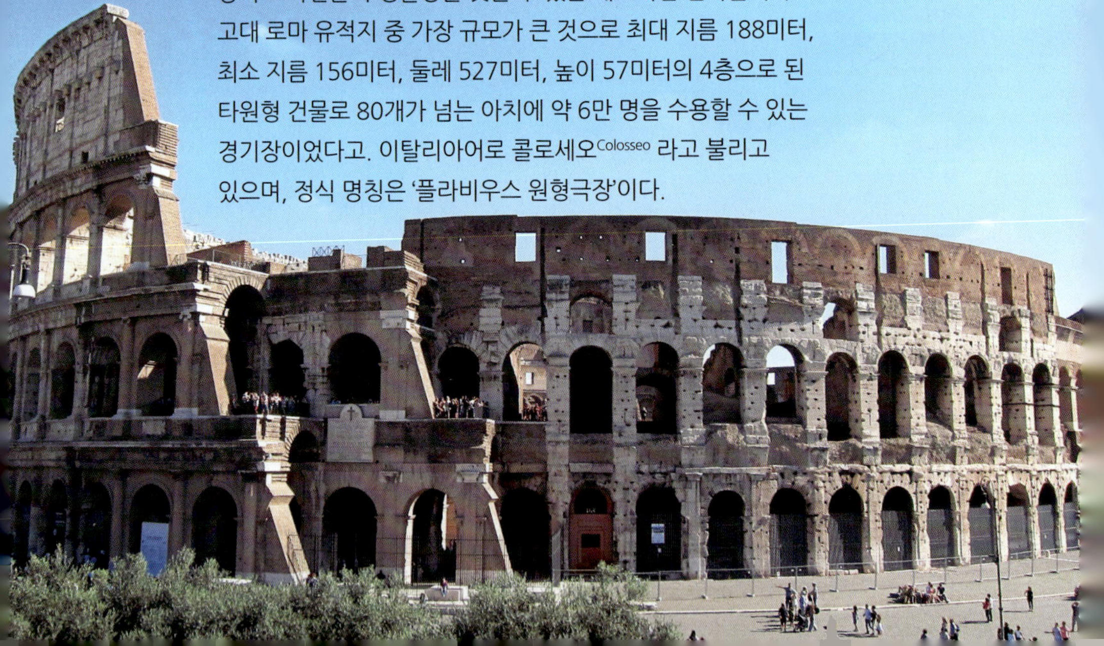

로마에 가면 가장 먼저 가보고 싶은 곳이 콜로세움이라고 할 정도로
두말할 필요 없는 로마의 랜드마크다.
콜로세움은 위대한 로마 문명을 대표하는 건축물로, 이곳은 위대한
황제들의 정치적 야욕과 도전의 이야기를 품고 있다.
치열한 역사를 살아갔던 로마인들의 모습들이 담겨 있다.
콜로세움에선 로마의 가장 특별한 이야기를 만날 수 있다.

Arch di Constantino

콘스탄티노 개선문

콜로세움 앞 광장에 서면 세 개의 아치로 만든 문이 인상적인 건축
물을 볼 수 있다. 기독교를 로마에서 공식 인정한 황제인 콘스탄티
누스 1세가 312년 밀비우스 다리의 전투에서 승리한 것을 기념하
기 위해 세운 콘스탄티노 개선문은 현재까지 남아 있는 포로 로마
노의 세 개의 개선문 중에서도 규모가 가장 큰 문이다. 이 개선문을
마음에 들어한 나폴레옹이 파리로 가져가려고 했지만 불가능하자
결국 이 개선문을 모델로 파리에 개선문을 세웠다는 이야기가 전해
지고 있다.

높이 21미터, 너비 25.7미터, 두께 7.4미터의 웅장한 개
선문은 아래쪽으로 중앙 아치와 사이드 아치, 대리석으
로 된 지지 교각, 코린트 기둥으로 이루어져 있으며 꼭대
기 부분은 전투의 장면들과 글귀가 조각되어 있는 대리
석 패널에 둘러싸여 있다.

Foro Romano

포로 로마노

로마 건국 신화에 나오는 로물루스가 처음 도시를 세운 팔라티누스
언덕 아래에 있는 곳으로, 로마의 시작과 로마 제국의 멸망을 함께
한 로마의 정치 · 경제 · 문화가 역동적으로 펼쳐졌던 곳으로 당시
로마인들의 생활을 잘 볼 수 있는 장소다.
이곳에서는 로마뿐만 아니라 세계 여러
나라의 문화와 역사에 영향을 끼친
중요한 일들이 결정되었다.

아직도 남아 있는 크고 작은 흔적들을 보며 걷다 보면 로마 제국의 위대함이 고스란히 전해져온다. 기원전 670년에 세워진 의사결정 권을 장악했던 실질적인 통치기관인 원로원Curia을 볼 수 있다. 세베루스 황제가 즉위 10주년과 전쟁의 승리를 기념하기 위해 세운 세베루스 개선문이 손상되지 않고 남아 있어 그 웅장함과 섬세한 조각이 감동을 전한다.

Colle Palatino

팔라티노 언덕

팔라티노 언덕은 로마의 탄생에 중요한 역할을 한 7개의 언덕 중 하나이자 가장 오래된 언덕으로 포로 로마노에서 이어진 약 40미터 높이에 위치해 있다. 이곳에서 로물루스가 목동들과 함께 로마를 세운 다음, 사비나의 여인들을 강탈하여 영토를 확장했다.

오랜 시간이 지나고 이곳에서 옥타비우스가 태어났는데 그가 로마의 초대 황제 아우구스투스다.

아우구스투스는 이곳에 신전과 회랑 등 많은 건물을 건축했다.

Piazza del Campidoglio

캄피돌리오 광장

수도Capital의 뜻을 가진 캄피돌리오 언덕에 위치한 광장이다. 미켈란젤로가 설계하고 1547년에 완성된 광장으로 세 개의 건물로 둘러싸여 있다. 좌우 건물은 카피톨리니 박물관으로 사용되고 있는데 세계에서 가장 오래된 박물관으로 〈콘스탄티누스 황제의 거상〉과 로마의 시초인 로물루스가 늑대의 젖을 먹는 〈로물루스와 레무스〉가 전시되어 있다.

캄피돌리오 광장의 입구라 할 수 있는 코르도나타Cordonata 돌계단에서 바라보면 아름답게 조화를 이루고 있는 광장의 건물들이 한눈에 들어온다. 광장 입구에는 로마 공화정 시절 약세였던 로마군을 도와 주변 부족을 물리친 쌍둥이 형제 디오스쿠리의 석상이 있다.

코르도나타 계단은 쌍둥이 형제의 석상과 어우러지며 광장은 더욱 화려하게 보인다.

한참을 걸어서 이곳까지 올라온 여행자들은 광장 한켠에 앉아 작은 도시 로마가 어떻게 세계를 제패하고 영원한 도시가 될 수 있었는지 광장이 전해주는 이야기를 듣는다.

Monumento di Vittorio Emmanuele

비토리오 에마누엘레 2세 기념관

캄피돌리오 광장 계단을 내려와 버스 정류장과 작은 분수대를 지나면 이탈리아의 첫 번째 국왕인 비토리오 에마누엘레 2세를 기리기 위한 하얀 건물을 볼 수 있다. 우리의 독립기념관 같은 의미를 가지고 있는 이곳은, 19세기 중엽 이탈리아의 통일을 이루었던 에마누엘레 2세의 공을 기려 세운 건물이다.

멀리서도 눈에 띌 정도로 거대하고 흰 건물은 신고전주의 양식으로 지은 것으로 여행자에게나 현지인에게나 이정표 역할을 해준다.

기념관 앞 중앙에 서 있는 비토리오 에마누엘레 2세의 기마상 근처에 서면 로마 시내의 노을을 볼 수 있으며, 기념관 앞 중앙 계단에는 제1차 세계대전에 전사한 무명 용사들의 희생을 기리기 위해 만든 영원히 꺼지지 않는 불과 불을 지키고 있는 근위병들이 자리 잡고 있다.

베네치아 광장
비토리오 에마누엘레 2세 기념관 앞 광장으로 지리적 관점에서 로마의 중심지다. 무솔리니가 베네치아 광장을 향해 연설했던 것으로 유명하다.

POSITIS SIGNIS ET ANA
GLYPHIS TA
NI CVIT VAB
CLEMENTIS XII PONT MAX OPVS CVM

Fontana di Trevi 트레비 분수

베르니니 광장에서 비아 무라테^{Via Muratte}라 쓰여 있는 이정표를 따라가다 보면 트레비 광장이 나오고 영화의 한 장면 같은, 로마이기에 가능한 풍경이 물소리와 함께 눈앞에 펼쳐진다.

세계에서 가장 유명한 분수 중 하나인 트레비 분수는 수없이 많은 로마의 분수들 중에서도 가장 크고 아름다운 분수로 높이 25.9미터, 너비 19.8미터에 달하는 바로크 양식으로 지어진 거대하면서도 뛰어난 예술적인 분수다. 트레비^{Trevi}란 이름은 이탈리아어로 숫자 3인 트레^{Tre}와 길을 의미하는 비아^{Via}가 합쳐진 단어로, 트레비 분수가 위치한 곳이 고대 로마에 물을 공급하던 수로인 아쿠아 비르고^{Aua Virgo}가 세 방향에서 교차한 것에서 유래되었다.

트레비 분수는 1730년 교황 클레멘스 12세에 의해 실시한 분수 설계 공모전에서 당선된 니콜라 살비^{Nicola Salvi}의 작품이다.

분수의 배경엔 대양의 신인 오케아노스가 중앙에 자리하고 그 아래로는 상반신은 인간, 하반신은 인어의 모습을 한 바다의 메신저 트리톤이 해마인 히포캄포스를 끄는 장면이 조각되어 있다.

마치 그리스 신화의 한 장면을 보는 듯한 트레비 분수는 그야말로 바로크 후기 미술의 걸작품 그 자체다.

RELIGIOUS
ARTICLES

POSITIS SIGNIS ET ANA
CLEMENTIS XIII PONT MAX

오드리 헵번이 로마에 다시 오기를 소원하며 동전을 던져 더욱 유명
해진 트레비 분수. 세계 곳곳에서 이곳을 찾은 사람들은 시원한 물
소리를 들으며 모두 뒤로 돌아서서 즐거운 마음으로 '소원'을 빈다.
오른쪽 어깨너머로 동전을 던지면 로마에 다시 온다는 말도, 소망
이 이루어진다는 말도, 사랑을 이룬다는 말도 모두에게 중요치 않다.
동전을 던지는 마음만으로 행복해지는 곳,
낭만적인 즐거움으로 행복해지는 곳,
분수 앞에 서는 순간 모두는 이미 '소원'을 이룬다.
이곳이 트레비 분수다.

Piazza del Popolo

포폴로 광장

포폴로 광장은 '민중의 광장'이라는 의미로 원형 광장이다.
이곳엔 포폴로 문Porta del Popolo이 있는데 예전에는 플라미니아 문이라고도 불렸다.
이 문은 교황 비오 4세가 건설했으며 17세기 스웨덴 여왕을 맞기 위해 베르니니가
다시 장식을 했다고 한다.

STALDVS
BERNABEI

포폴로 문은 테르미니 역
이 생기기 전까지 외부에
서 로마로 들어오는 관문
역할을 수행했는데, 실제
로 BC 220년경 플라미니
아 가도의 출입구였다.
이 포폴로 광장에도 로마
의 여느 광장과 같이 오
벨리스크가 세워져 있는
데 아우구스투스 황제가
이집트를 정복한 후 가져
왔다고 한다.
포폴로 광장 남쪽으로는
직선으로 코르소 거리,
리페타 거리, 바부이노 거
리가 세 갈래로 뻗어 있어
근처의 볼거리가 있는 곳
으로 연결된다.

Pantheon 판테온

모든 신들을 위한 신전이란 뜻으로, 로마의 모든 신을 모신 곳이라는 의미를 가진 판테온은 미켈란젤로가 '천사의 설계'라고 극찬했던 고대 로마의 완벽한 건축물이다.

반원형의 지붕과 아치의 원리를 이용해 과학적으로 만든 건축물인 판테온은 BC 25년에 로마 시민들의 긍지를 갖게 하기 위해 세워졌던 것으로 판테온의 건축 양식은 세계적인 건축 양식에 영향을 끼쳤다.

판테온 앞 로툰다 광장은
보석같이 예쁜 광장이다.
광장 중앙 오벨리스크 아
래에 앉아 바라보는 판테
온은 신비롭기까지 하다.
하루 종일 이 작은 광장엔
수많은 여행자들이 오고
가는데, 야외카페에 앉아
광장을 덮어오는 석양을
볼 수 있는 특별한 경험을
놓치지 않기를 바란다.

Piazza di Spagna

스페인 광장

영화 〈로마의 휴일〉에서 만인의 연인이었던 오드리 헵번이 아이스크림을 먹으며 계단을 내려오는 장면으로 더 유명해진, 스페인 광장.

계단 위에 서 있는 트리니타 데이 몬티 성당과 오벨리스크, 그리고 137개의 계단이 어우러진 모습은 그 어느 것 하나도 빠져서는 안 될 조화를 이룬다.

뭐 특별한 것이 없어 보이는 이 계단에 앉은 사람들은 모두 사람을 바라본다. 사람을 바라보는 사람은 더욱 아름다워 보인다.

살면서 그리움이 가득할 때 한 번쯤 찾아가면 마음의 열병이 사라질 것 같은 행복을 품고 있는 스페인 계단에서 당신도 나와 함께 쉬었다 가자.

베르니니가 만든 '난파선의 분수'
쇼핑의 거리, 콘도티 거리

산 피에트로 대성당, 산타 마리아 마조레 성당과 함께 로마의 3대 성
당 중 하나인 산 조반니 인 라테라노 대성당은 324년 콘스탄티누스 1
세 때 세워진 세계 최초의 성당으로 알려져 있다.
아비뇽 유수(프랑스 왕의 지배 아래 로마의 교황들이 70년간
아비뇽에 머물렀던 사건) 전까지 1,000년간 교황청이었던 곳으로
1870년까지 교황을 임명했던 곳이다.

San Giovanni in Laterano

산 조반니 인 라테라노 성당

배드로와 바울의 두개골이
보관되어 있는 발다키노

사람들은 이곳에 서면 낭만이란 단어를 떠올린다.
직사각형으로 된 지금까지 보아온 광장과는 다른 느낌의 광장은
활기가 넘쳐난다.
기다란 공간을 둘러싸고 있는 오래된 집의 작은 발코니엔 백발의
노인들이 차를 마시고, 그 아래엔 100년이 넘은 카페들이 늘어서
있고, 세 개의 분수 사이엔 화가들과 거리의 악사들이 예술적 향
기를 뿜어내는 나보나 광장.
로마 시민들과 여행자들이 가장 많이 찾는
광장인 이곳에선 심장 박동이 빨라진다.
생각보다 빨리 움직이는 발걸음이
광장의 구석구석으로 달려가기에.

Piazza Navona
나보나 광장

나보나 광장은 길이 300미터, 폭 50미터의 긴 광장으로 도미티아누스 황제가 건설했다. 여름이면 악취가 진동하는 곳으로 악명 높던 이곳을 교황 이노켄티우스 10세가 자신의 가문의 기념 공간으로 만들기 위해 베르니니에 맡겨 대대적으로 정비했다.

나보나 광장은 바로크 시대, 세계의 수도였던 로마에서 천재성을 유감없이 발휘했던 베르니니와 보로미니의 최고의 작품을 한 곳에서 볼 수 있는 즐거움을 누릴 수 있는 곳이다.

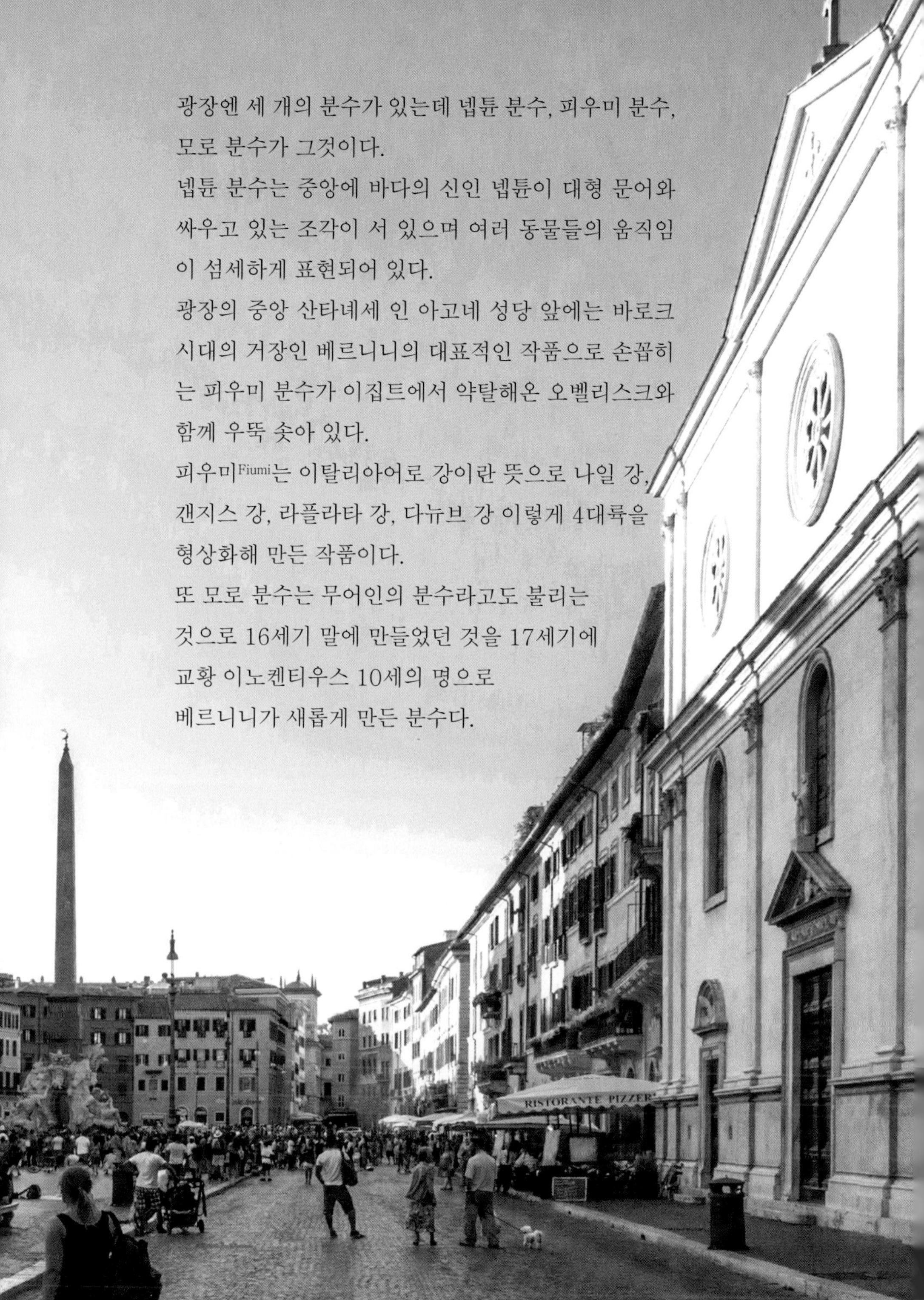

광장엔 세 개의 분수가 있는데 넵튠 분수, 피우미 분수,
모로 분수가 그것이다.
넵튠 분수는 중앙에 바다의 신인 넵튠이 대형 문어와
싸우고 있는 조각이 서 있으며 여러 동물들의 움직임
이 섬세하게 표현되어 있다.
광장의 중앙 산타녜세 인 아고네 성당 앞에는 바로크
시대의 거장인 베르니니의 대표적인 작품으로 손꼽히
는 피우미 분수가 이집트에서 약탈해온 오벨리스크와
함께 우뚝 솟아 있다.
피우미Fiumi는 이탈리아어로 강이란 뜻으로 나일 강,
갠지스 강, 라플라타 강, 다뉴브 강 이렇게 4대륙을
형상화해 만든 작품이다.
또 모로 분수는 무어인의 분수라고도 불리는
것으로 16세기 말에 만들었던 것을 17세기에
교황 이노켄티우스 10세의 명으로
베르니니가 새롭게 만든 분수다.

Bocca della Verita
진실의 입

거짓말을 한 사람이 진실의 입에 손을 넣으면 그 손이 잘린다는 이야기로 유명한 진실의 입은 보카 델라 베리타 광장 한편에 위치한 산타마리아 인 코스메딘 성당의 한쪽 벽면에 자리 잡고 있는데, 진실을 심판(?)하는 얼굴 모양의 원형 석판은 '강의 신'인 홀르비오의 얼굴로 기원전 4세기 경 로마의 하수도 뚜껑으로 사용된 것으로 추측되고 있어 재미를 준다.

보르게세 공원은 로마에서 가장 큰 공원으로 국립 현대 미술관과 보르게세 미술관, 빌라 줄리아 에트루리아 박물관, 승마장, 호수 등이 있는 로마 시민들의 휴식처로 사랑받고 있다.

공원은 17세기 토스카나 지방의 추기경이었던 시피오네 보르게세의 저택과 정원이 있었던 곳으로, 삼림욕도 즐길 수 있는 꾸미지 않은 자연스러움이 더 아름다운 공원이다.

Villa Borghese
보르게세 공원

Stato della Citta del Vaticano

바티칸 시국

0.44제곱킬로미터의 영토에 약 1,000명의 사람들이 사는 세계에서 가장 작은 독립국으로 전 세계 가톨릭의 심장과도 같은 곳, 바티칸. 이 작은 나라에 세계에서 가장 큰 성당인 산 피에트로 대성당이 있다니 참으로 흥미로운 일이다.

그리고 성당과 이어진 광장, 30만 명이 한꺼번에 모일 수 있는 웅장함은 물론이거니와 베르니니의 천재적인 예술혼이 담긴 구조에 입이 다물어지지 않는다.

광장 바닥의 하얀 선으로 국경선을 대신한 지구에서 가장 작은 나라에서 세상에서 가장 멋진 건축물과 시대를 초월하는 명작들, 그리고 이 멋진 나라에서 살아가는 사람들을 만나는 여행.

San Pietro Basilica
산 피에트로 대성당

349년에 콘스탄티누스 황제에
의해 베드로의 무덤 위에 세워진
바실리카식 성당으로 1,200년
후인 16세기에 율리우스 2세에

의해 개축을 시작해 이후 베르
니니와 라파엘로, 미켈란젤로 등
당대 최고의 예술가들의 손을 통
해 120년에 걸쳐 완성된 성전이
다. 세계에서 가장 큰 성당으로
한 번에 5만 명을 수용할 수 있는
웅장한 예배당 한가운데에는 미
켈란젤로의 작품으로 유명한 지
름 42미터, 지상에서 정상까지의
높이가 136미터의 쿠폴라, 즉 돔
을 볼 수 있다.

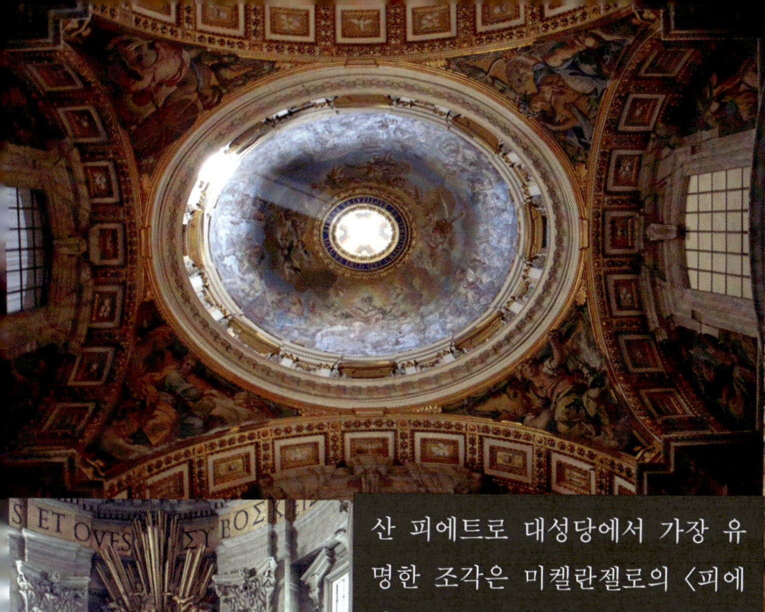

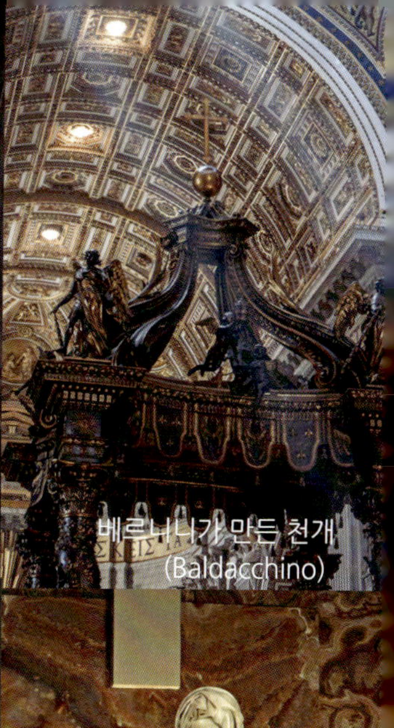

베르니니가 만든 천개
(Baldacchino)

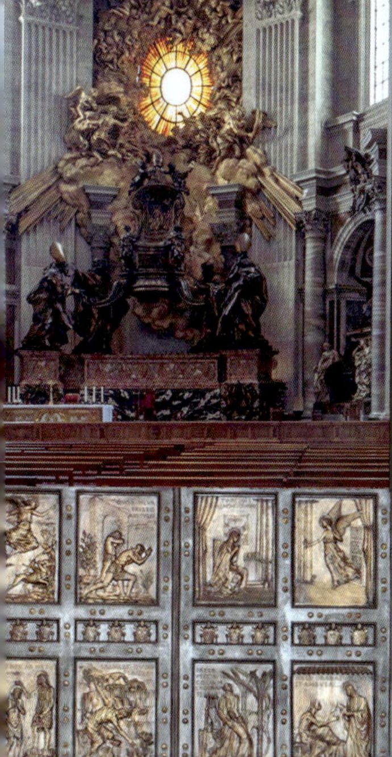

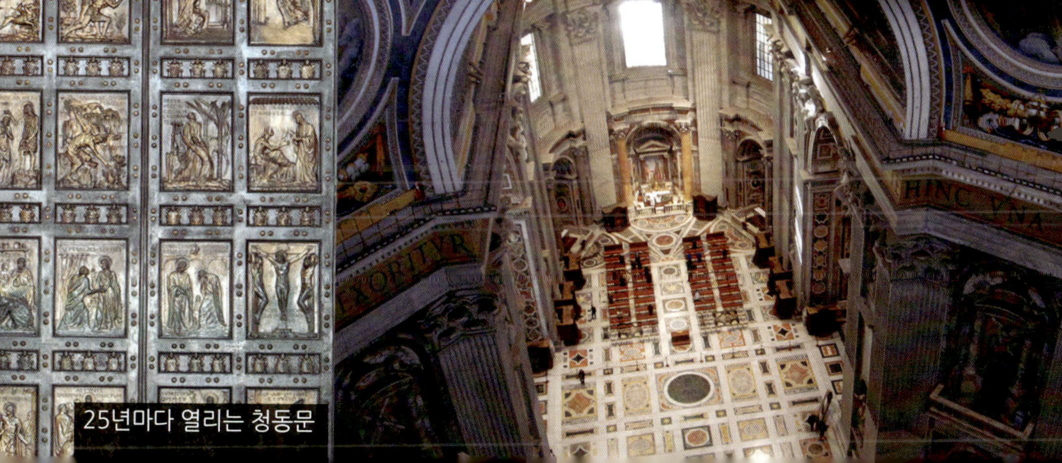

산 피에트로 대성당에서 가장 유명한 조각은 미켈란젤로의 〈피에타〉 Pieta상이다. 십자가에서 내려진 예수를 무릎 위에 안고 있는 성모 마리아의 모습을 대리석에 표현한 미켈란젤로의 작품이다. 25세의 젊은 나이에 대리석으로 표현했다고는 믿어지지 않는 옷자락과 근육, 표정.
가만히 보고만 있어도 숙연하게 만드는 피에타 상.

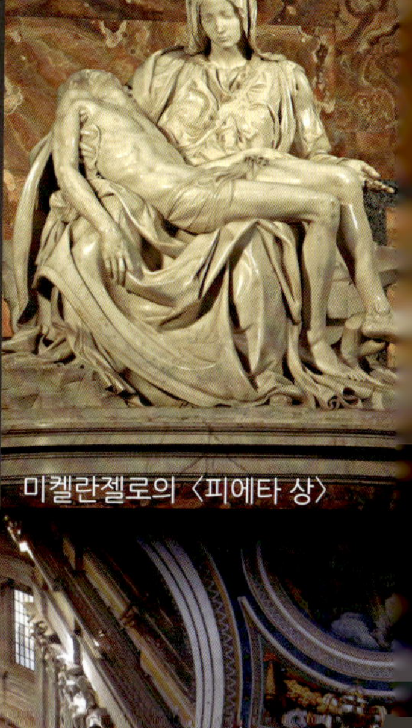

미켈란젤로의 〈피에타 상〉

25년마다 열리는 청동문

Cappella Sistina
시스티나 예배당

"이곳은 인간의 몸으로 이루어진 신학의 거룩한 성소다."
교황 요한 바오로 2세는 시스티나 예배당의 프레스코화가 복원되어
일반인에게 공개되던 날 그 감동을 이렇게 표현했다.

시스티나 예배당 천장에는 미켈란젤로가 성경의 창세기를 모티브
로 한 불멸의 명작 〈천지창조〉가 그려져 있다. '신이 최초의 인간
에게 손을 뻗는 모습'은 세계인 모두에게 친숙한 장면이다.
매년 600만 명 이상이 그림을 보기 위해 방문하고 있는데, 제단 뒤
벽에 그려진 〈최후의 심판〉까지, 가톨릭 신자뿐만 아닌 모든 여행
자들의 필수 코스다.

Musei Vaticani

바티칸 박물관

박물관의 소장품은 교황이 직접 수집한 것으로 유명한 미켈란젤로의 〈천지창조〉와 〈최후의 심판〉을 비롯한 그리스와 이집트 등의 시대를 막론한 조각, 그림, 유물들을 전시하고 있다.

워낙 광대하기 때문에 관람 시간과 순서를 잘 챙겨야 하는데, 대부분은 세계 최고의 규모를 자랑하는 피나코텍에서 라파엘로와 레오나르도 다빈치 등의 작품을 보고 나서 라오콘과 아폴로를 볼 수 있는 벨베레데 정원으로 이동해 조각상들을 보고, 뮤즈의 방에서 토르소를 감상한 후 2층으로 올라가 지도의 방, 카펫의 방을 지나 라파엘로의 걸작인 〈아테나 학당〉을 보고 시스티나 성당으로 이동하며 중요한 작품들을 찾아보는 코스로 관람한다.

Castel San. Àngelo
산탄젤로 성

로마에서 가장 아름다운 다리를 볼 수 있는 곳은 천사의 성으로 불리는 산탄젤로 앞에 놓여 있는 다리다.
다리 위에는 열 개의 천사 상이 교각에 놓여 있는데, 처음엔 바울과 베드로 동상밖에 없었다가 베르니니가 나머지를 추가로 만들어 세워놓았다.
미카엘 천사의 상이 서 있는 성과 테베레 강 위에 놓여 있는 돌다리의 모습은 여행자들을 과거로 떠나게 해준다.
산탄젤로 성과 산탄젤로 다리는 '신비롭다'는 단어가 떠오르게 한다.
성 위에도, 다리 위에도 천사가 자리하고 있는 이곳.
이야기가 가득한 로마에서 또 하나의 이야기를 듣는다.

바티칸의 동쪽, 테베레 강의 북쪽에 위치한 아드리안 공원 안에 우뚝 서 있는 원형 모양의 천사의 성은 하드리아누스 황제의 무덤으로도 알려져 있다.

590년 교황 그레고리 1세가 당시 창궐한 흑사병을 물리칠 수 있기를

바티칸의 동쪽, 테베레 강의 북쪽에 위치한 아드리안 공원 안에 우뚝 서 있는 원형 모양의 천사의 성은 하드리아누스 황제의 무덤으로도 알려져 있다.

기도하던 중 미카엘 대천사가 이곳에 나타나 칼을 칼집에 넣는 순
간, 흑사병이 한순간에 사라졌다는 이야기가 전해지고 있다.
이를 기념하여 세운 미카엘 천사상이 성의 가장 높은 곳에 서 있는
인상적인 모습의 성은 이후 교황의 거처와 교도소, 중세 군사 무기
전시장 등으로 사용되다가 현재는 카스텔 산탄젤로 국립 박물관으
로 사용하고 있다.

Roma(로마)는 Amor(사랑)이다.
당신과 함께 있기에,
정말 그렇다.

piazza venezia
colosseo
fontana di trevi
piazza di spagna
pantheon
CASA
DELLE
ESTA

Paris
파리 _프랑스

유럽에 사는 사람들이 가고 싶어 하는 1순위 도시.
옛 프랑스의 '영광'이 곳곳에 남아 있는 도시.
세상에서 가장 다양한 무대의 음악 공연을 볼 수 있는 도시.
젊은 예술가들의 그림을 가장 '많이' 만날 수 있는 도시.
예술과 문화와 또 그것을 즐길 줄 아는 '사람들'의 도시.
파리.

Les
incontournables
de Paris

Restaurant
GASCOGNE
Café   Brasserie

Disneyland Paris
파리 디즈니랜드

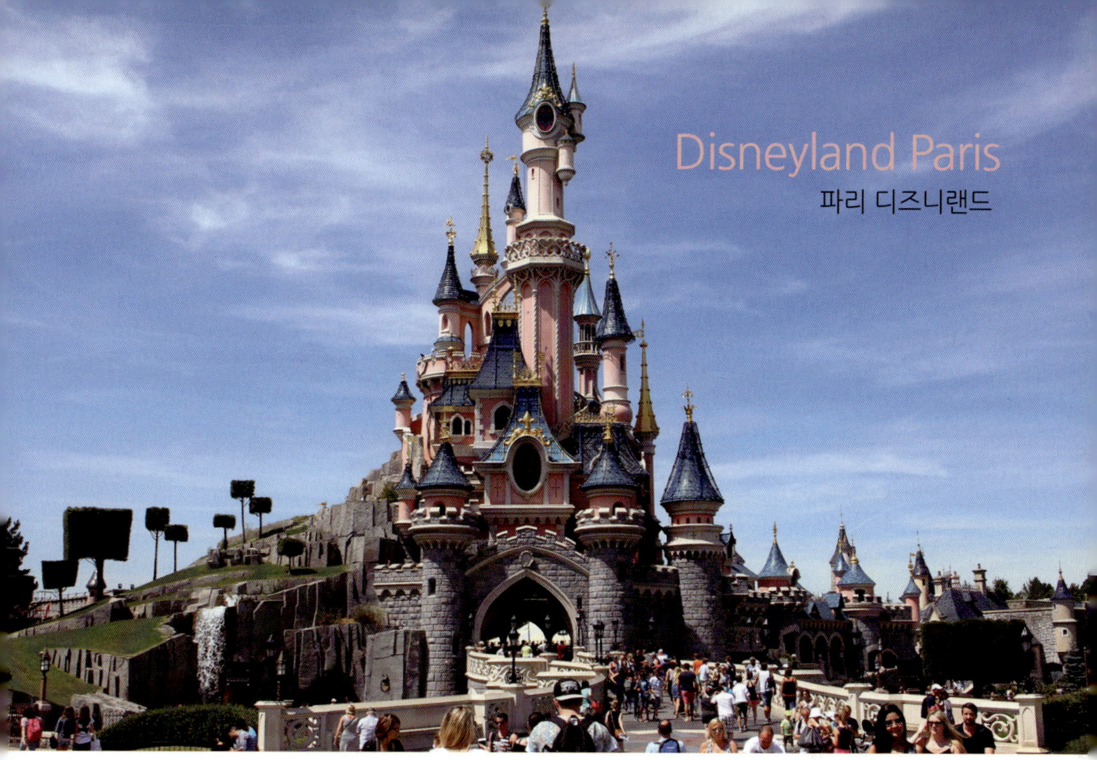

파리 인근 마른 라 발레에 위치한 세계적인 테마파크인 파리 디즈니랜드는 1992년에 문을 연 유럽의 첫 디즈니 공원이다.
디즈니 스튜디오와 디즈니랜드 파크 두 곳으로 나뉘어 있는데 아이들과의 약속을 지키려는 아빠들과 여행 중에도 테마파크에 대한 열정이 멈춰지지 않는 여행자들로 가득한 꿈의 동산이다.

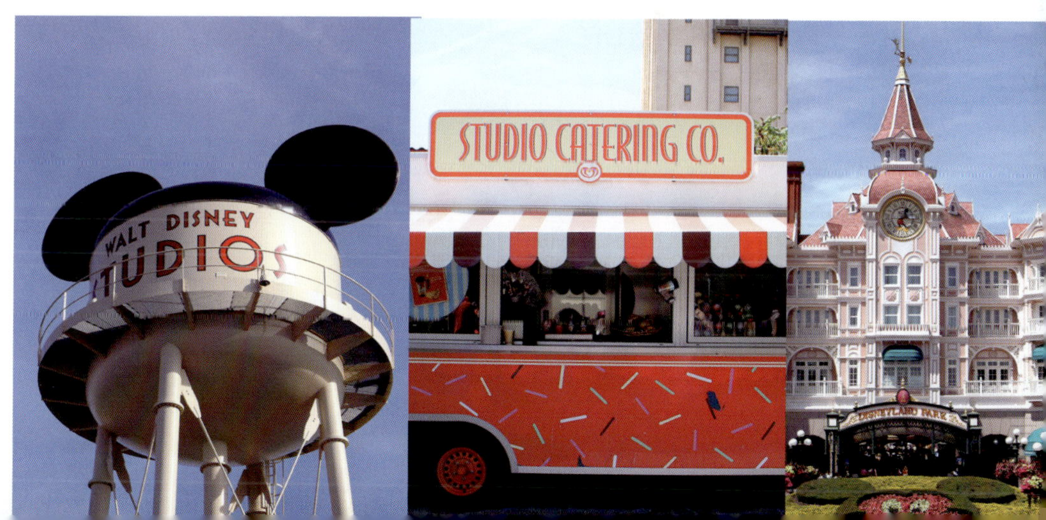

L'Arc de Triomphe
개선문

샤를 드골 에투알 광장place de l' Etoile 중심부에 자리 잡고 있는 개선
문은 샹젤리제 거리를 바라보고 있다.
1806년, 나폴레옹의 승리를 기념하기 위해 건설하다가 나폴레옹
실각 후 공사를 중단한 뒤, 1836년에야 완공되었다. 높이 49미터,
너비 45미터로 대체로 고대 로마 개선문에서 영감을 얻은 것으로
알려지지만 프랑스 근세 고전주의 걸작으로 꼽힌다.

사면에 설치된 부조는 주로 수많은 전쟁을 모티브로 했는데, 그중에서도 프랑스가 오스트리아와 프로이센에 선전포고를 했을 때 의용군의 출정을 표현한 뤼드Rude의 작품인 라 마르세예즈La Marseillaise가 가장 유명하다.

건축을 명령한 나폴레옹은 살아서 이 문을 지나가지 못했지만 대문호 빅토르 위고의 유해가 이 문 아래에서 하룻밤을 보냈고, 프랑스를 점령한 히틀러 군대가 이 문을 통해 파리로 들어왔으며, 이후 파리를 되찾은 드골 장군이 이 문을 지나 승리의 행진을 했다. 세워지기까지의 역사도 파란만장하지만, 그 이후에도 프랑스 근현대사의 주요 장면에는 늘 개선문이 있었다.

파리의 중심부에 자리 잡은 개선문은 건축물의 가치 그 이상의 상징성을 가지고 있다.

분주하고 복잡한 파리의 일상 속에서 이 시대를 살아가는 시민들에게 정신적인 버팀목과도 같은 곳이다.

234개의 계단을 올라 개선문 전망대에 서면
그 어느 곳에서도 볼 수 없었던 파리의 풍경
을 볼 수 있다.
처음에 개선문이 세워졌을 때엔 다섯 개의
도로만 있었는데 그 모양이 별모양을 닮아
서 별이라는 뜻의 에투알 광장이라는 이름
으로 불리고 있다.
개선문이 있는 에투알 광장으로부터 열두 개
의 대로가 방사선형으로 뻗어 있는데, 콩코
르드 광장, 튈르리 공원, 루브르 박물관 등이
이어져 있는 상젤리제 거리도 그중 하나다.
이곳 에투알 광장은 파리의 모든 길이 모이
고, 또다시 시작되는 곳이다.

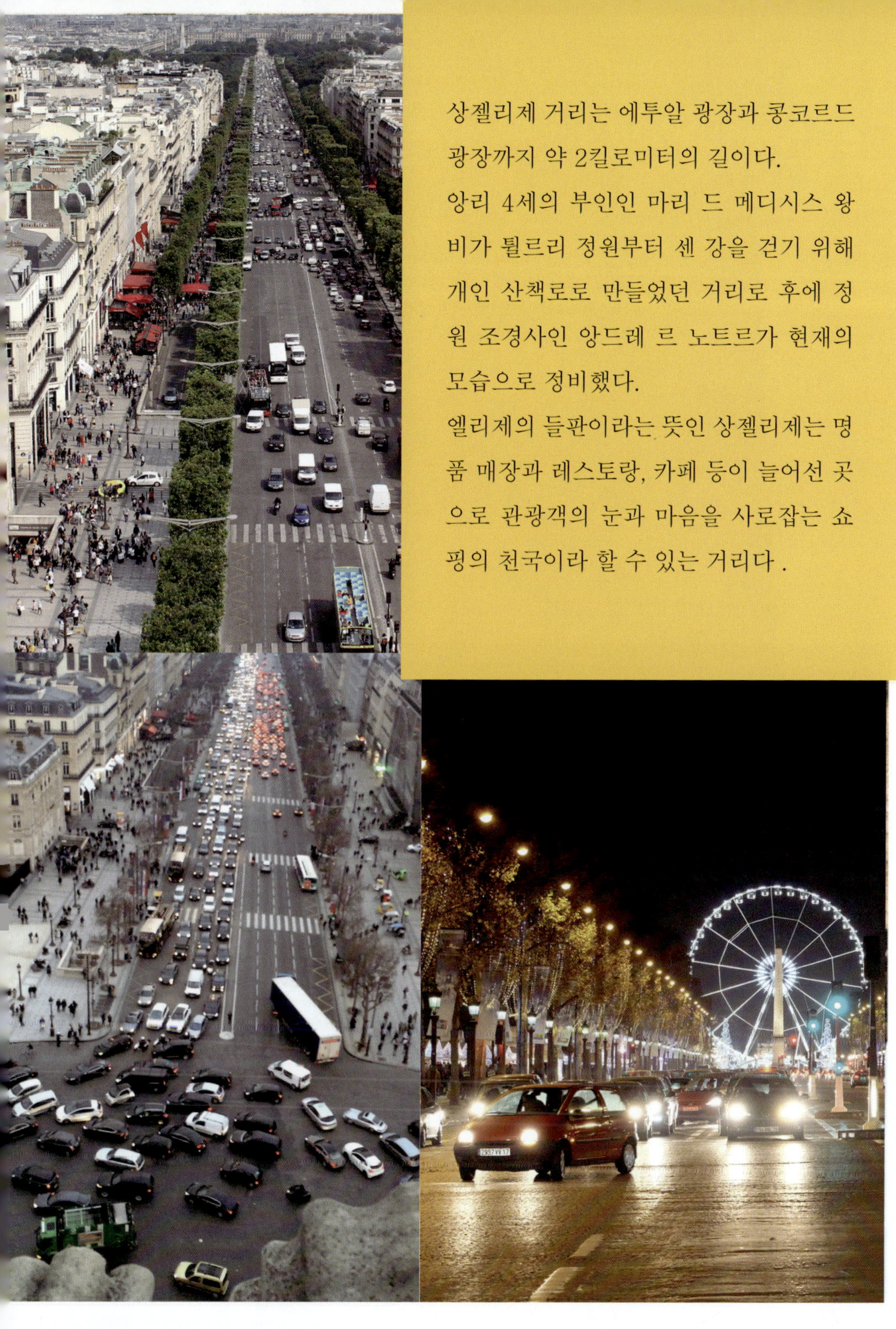

상젤리제 거리는 에투알 광장과 콩코르드 광장까지 약 2킬로미터의 길이다.

앙리 4세의 부인인 마리 드 메디시스 왕비가 튈르리 정원부터 센 강을 걷기 위해 개인 산책로로 만들었던 거리로 후에 정원 조경사인 앙드레 르 노트르가 현재의 모습으로 정비했다.

엘리제의 들판이라는 뜻인 상젤리제는 명품 매장과 레스토랑, 카페 등이 늘어선 곳으로 관광객의 눈과 마음을 사로잡는 쇼핑의 천국이라 할 수 있는 거리다.

La Défense, La Grande Arche
라 데팡스, 신개선문

파리의 최첨단 신도시 라 데팡스의 상징이 된 신개선문은 카루젤 개선문－콩코르드 광장－에투알 개선문과 함께 일직선상에 세워져 있어 장관을 이룬다.

파리 재개발 계획의 일환으로 40년 동안 조성된 라 데팡스 주변의 빌딩에는 3,600여 개의 회사가 입주하고 있다고 하는데 마치 영화 속 미래 도시에 온 듯한 착각을 불러일으킨다.

Jardin du Luxembourg
뤽상부르 공원

뤽상부르 궁전과 정원은 앙리 4세의 왕비였던 마리 드 메디시스를 위해 지어진 곳으로 파리에서 가장 크고 현지인들에게 가장 인기 있는 공원이다.
이곳을 찾아온 사람들은 잔디에 누워 책을 읽거나 이야기를 나누며 저마다의 방법으로 휴식을 취한다. 한여름엔 파리 시민들이 일광욕까지 즐기는 넓고 아늑한 국민 공원이다.

파리에서 하루를 가장 잘 보내는 방법은 지금 있는 그곳에서
아무것도 하지 않고 시간을 보내는 것.
그런 하루가 모두가 꿈꾸는 '가장 완벽한 휴가'는 아닐까.

사람들은 정원 분수대 주변과 벽에 늘어서
있던 초록색 의자에 몸을 기대어 책을 읽고,
잠을 자고, 대화를 한다.
나도 의자에 앉아 몸을 뒤로 젖히고 담 너머
로 보이는 에펠탑을 보며 지친 다리와 분주
했던 마음에 휴식을 준다.

Jardin des Tuileries

튈르리 정원

루브르 박물관과 콩코르드 광장 사이에 위치한 튈르리 정원은 처음
에는 튈르리 궁전과 오렌지 농원이 함께 차려해 있었지만 1871년
에 화재로 튈르리 궁전이 소실되었고 오렌지 농원이 있던 자리에는
오랑주리 미술관이 들어서 지금의 모습이 되었다. 파리 시민들의 휴
식처인 이곳은 베르사유 궁전 조경을 맡았던 르 노트르가 설계한 곳
으로도 유명한데 대부분 지금도 남아 있다.

Musée du Louvre
루브르 박물관

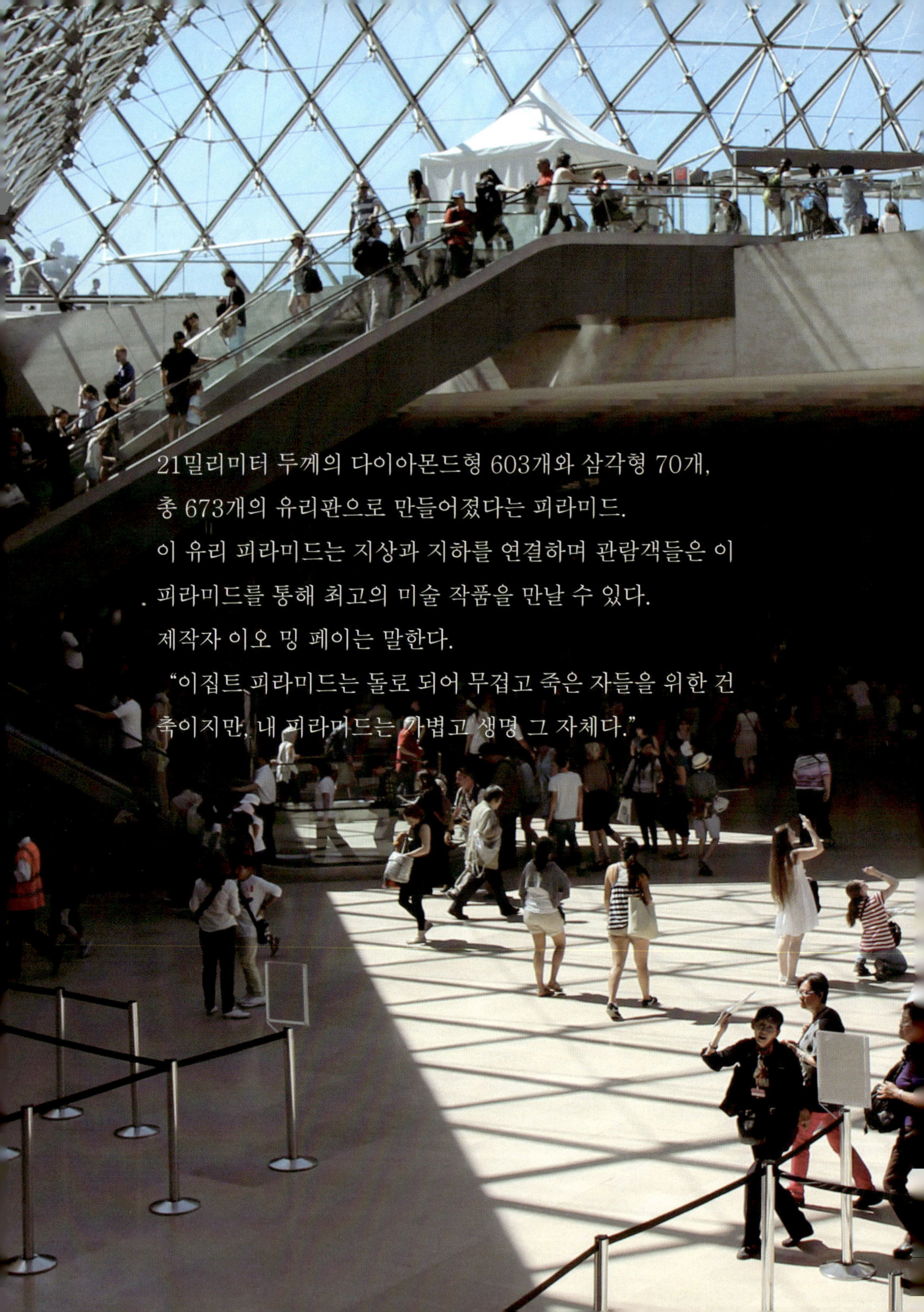

21밀리미터 두께의 다이아몬드형 603개와 삼각형 70개,
총 673개의 유리판으로 만들어졌다는 피라미드.
이 유리 피라미드는 지상과 지하를 연결하며 관람객들은 이
피라미드를 통해 최고의 미술 작품을 만날 수 있다.
제작자 이오 밍 페이는 말한다.
"이집트 피라미드는 돌로 되어 무겁고 죽은 자들을 위한 건
축이지만, 내 피라미드는 가볍고 생명 그 자체다."

LANEEL

세상에서 가장 신비한 미소를 담은 그림을 만날 수 있는 곳, 루브르 박물관. 자연스러운 생머리에 평범한 옷차림을 하고 몸통을 살짝 돌린 채 양손을 앞으로 다소곳이 모으고 있는 〈모나리자〉 앞에는 항상 수많은 팬들이 운집해 이 세기의 여인을 카메라에 담으려고 분주하다.
조그만 유리 액자 속에 '보호'되어 있는 그녀의 미소를 보는 것만으로도 지구촌 사람들은 행복하다.

"루브르에는 모든 것이 있으며 사람들은 각자 나름의 방법으로 그 모든 것들을 이해하고 사랑할 수 있다" 라고 했던 폴 세잔에게 경의를 표하고 싶었다.
루브르에 대한 이보다 더 명확한 표현이 또 있을까?
세상에서 가장 자유로운 박물관. 루브르는 그런 곳이다.

미술을 전공하지 않아도, 그림을 좋아하지 않아도 누구나 파리의 루브르는 안다. 그리고 그곳에 가기를 꿈꾼다. 루브르는 해마다 전 세계 800만 여행자의 마음을 사로잡는 명실상부한 세계 최대의 박물관이다. 현대적인 것(유리 피라미드)과 고전적인 것(루브르 궁)이 어울려 만들어낸 새로운 아름다움과 약 40만 점 이상의 예술품들을 소장한 세계 최대의 박물관.

루브르 박물관은 본래 프랑스 왕조의 궁전이었던 곳을 800년에 걸쳐 증축과 개축을 거쳐 완성해 프랑스의 왕들이 모은 예술품들을 보관해오다가 1793년에 박물관으로 탄생시켰다. 공식 명칭은 '그랑 루브르'로 두 개의 본관과 그 주위를 둘러싸고 있는 두 개의 커다란 정원으로 이루어진 거대한 크기를 자랑한다.

루브르는 하나의 상징이다. 단순히 박물관을 넘어서 프랑스를, 파리를, 그리고 유럽을 상징하는 아이콘과도 같다.

오늘도 루브르의 3대 걸작이라고 불리는 〈모나리자〉와 〈밀로의 비너스〉 그리고 〈사모트라케의 니케〉 앞에는 발 디딜 틈이 없다.

루브르 박물관을 매일 보고, 보고 싶은 그림이 있을 땐 언제고 갈 수 있는 파리 시민들에게 부러움 섞인 시선을 보낸다.

Musée d'Orsay

오르세 미술관

빈센트 반 고흐, 폴 고갱, 모네, 밀레 등 19세기 작품들을 많이 소장한 곳이다. 1804년 화재로 전소된 오르세 궁을 만국박람회 100주년을 기념해 기차역으로 지었으나 역을 이용하는 사람들이 감소하자 폐쇄되었다가 이탈리아 건축가, 아울렌티에 의해 1986년 12월 1일 미술관으로 다시 태어난 파리의 3대 미술관 중 하나다.

시대적으로는 루브르 박물관과 퐁피두 센터의 국립 현대미술관을 이어주는 다리 역할을 하는 곳으로, 루브르 박물관이 19세기 이전의 작품을, 그리고 퐁피두 미술관이 현대의 작품을 주로 전시하고 있다면, 오르세 미술관에는 그 사이 기간의 중심인 인상파 화가들의 그림이 주로 전시되어 있다.

기차역의 가장 아름다운 변신이라 불리는 오르세 미술관은 32미터 높이의 천정 유리 돔을 통해 자연광이 들어와 인상파 화가들의 그림을 더욱 돋보이게 해준다.

어쩌면 프랑스 미술을 대표하는 작품은 이곳에 다있다고 해도 과언이 아닐 정도로 우리가 교과서와 그림 관련 책을 통해서 수없이 봐왔던 그림들이 가득하다.

고흐의 강렬한 색깔과 선을 볼 수 있고, 르누아르의 아름다운 파스텔풍의 그림이 있으며, 야생적 분위기의 고갱을 만날 수 있는 미술관이다.

밀레의 〈이삭줍기〉, 〈만종〉.
고흐의 〈자화상〉, 〈반 고흐의 방〉
〈론 강의 별이 빛나는 밤〉.
모네의 〈수련 〉연작
〈양산을 쓴 여인〉.
드가의 〈무대 위의 무희〉
〈발레 수업〉.
르누아르의 〈책 읽는 여인〉.
고갱의 〈타히티의 여인들〉.
마네의 〈풀밭 위의 식사〉…….
화가의 이름만으로도 설레는 곳,
오르세.

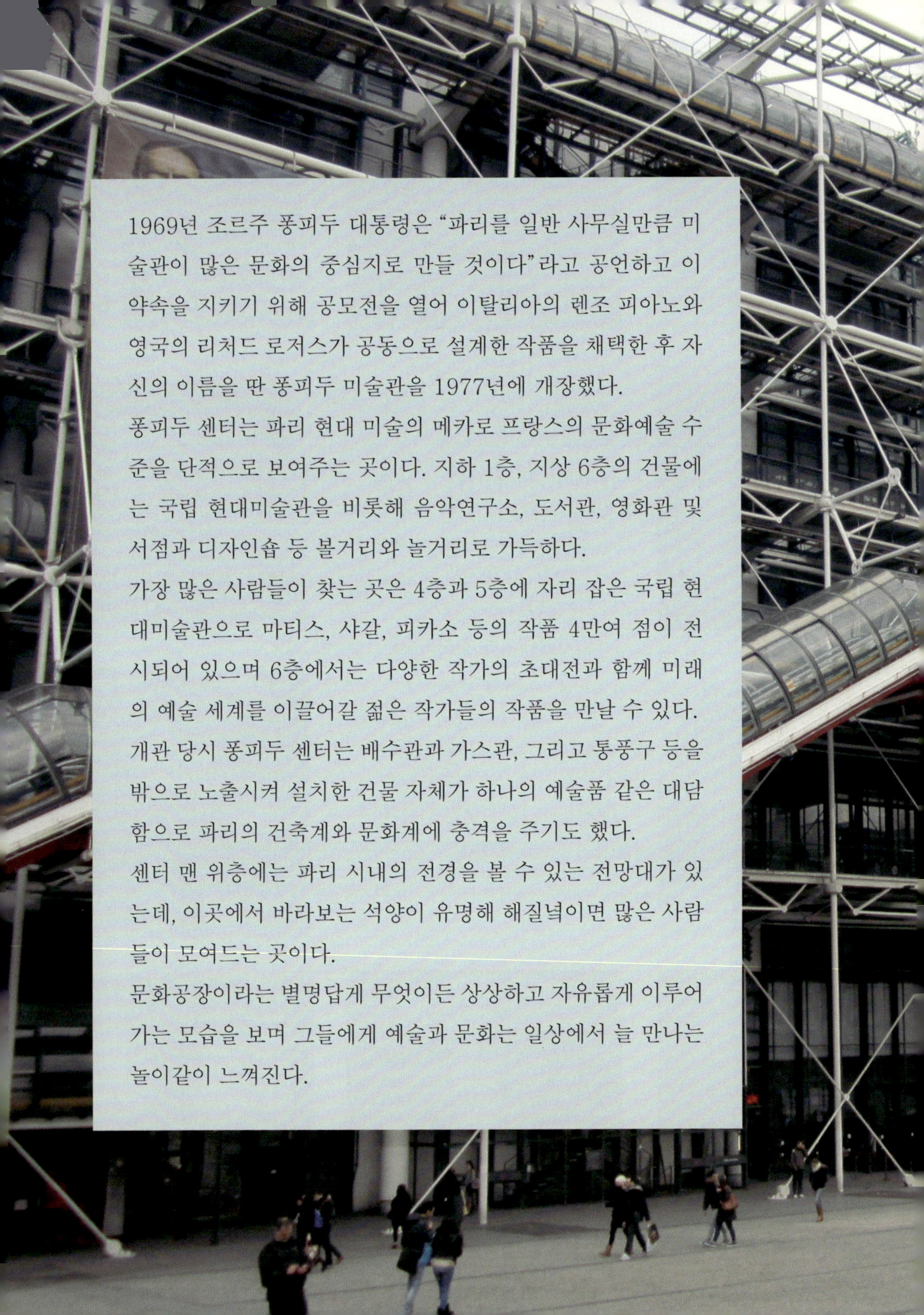

1969년 조르주 퐁피두 대통령은 "파리를 일반 사무실만큼 미술관이 많은 문화의 중심지로 만들 것이다"라고 공언하고 이 약속을 지키기 위해 공모전을 열어 이탈리아의 렌조 피아노와 영국의 리처드 로저스가 공동으로 설계한 작품을 채택한 후 자신의 이름을 딴 퐁피두 미술관을 1977년에 개장했다.

퐁피두 센터는 파리 현대 미술의 메카로 프랑스의 문화예술 수준을 단적으로 보여주는 곳이다. 지하 1층, 지상 6층의 건물에는 국립 현대미술관을 비롯해 음악연구소, 도서관, 영화관 및 서점과 디자인숍 등 볼거리와 놀거리로 가득하다.

가장 많은 사람들이 찾는 곳은 4층과 5층에 자리 잡은 국립 현대미술관으로 마티스, 샤갈, 피카소 등의 작품 4만여 점이 전시되어 있으며 6층에서는 다양한 작가의 초대전과 함께 미래의 예술 세계를 이끌어갈 젊은 작가들의 작품을 만날 수 있다.

개관 당시 퐁피두 센터는 배수관과 가스관, 그리고 통풍구 등을 밖으로 노출시켜 설치한 건물 자체가 하나의 예술품 같은 대담함으로 파리의 건축계와 문화계에 충격을 주기도 했다.

센터 맨 위층에는 파리 시내의 전경을 볼 수 있는 전망대가 있는데, 이곳에서 바라보는 석양이 유명해 해질녘이면 많은 사람들이 모여드는 곳이다.

문화공장이라는 별명답게 무엇이든 상상하고 자유롭게 이루어가는 모습을 보며 그들에게 예술과 문화는 일상에서 늘 만나는 놀이같이 느껴진다.

Centre Pompidou
퐁피두 센터

외벽으로 돌출된 수많은 배관들, 건물 밖으로 밀린 에스컬레이터…… 특이한 외형으로 내부 공간을 최대한 활용한 기능성 복합공간이다.
건축 당시엔 미운 오리새끼, 미완성 건물 등의 혹평을 받던 이곳은 지금은 파리 시민들이 가장 좋아하는 곳 중 하나라고.

니키 Niki 분수는 파리 최초의 현대식 분수로, 프랑스의 여류 조각가인 니키 드 생팔이 그의 남편과 함께 만든 분수다.
사회를 풍자하고, 고정관념에서 벗어난 조각들이 뿜어내는 재미있는 분수로 삭막한 도시 한가운데에서 여행자와 시민들에게 즐거운 휴식을 제공하는 즐거운 물뿜기.

Cathédrale Notre-Dame de Paris

노트르담 성당

시테 섬에 위치한 노트르담 대성당은 '우리의 귀부인'이란 뜻으로
유럽 대부분의 성당처럼 성모 마리아에게 헌정된 성당이다.
소설과 영화 등 여러 예술 작품의 배경이 되었던 곳으로,
파리의 명소 가운데 가장 많은 관광객이 찾은 곳이 이곳
노트르담 성당이라는 파리 관광청의 발표도 있었듯이
사람들은 누구나 '이야기'를 좋아하고 '이야기'를
찾아다닌다. 그 이야기가 '운명'이라면 더 말할
것도 없이······.

포앵 제로(Point Zero)
노트르담 성당 앞 광장에 위치한 팔각형 안에 있는 별모양
의 표시로 프랑스 거리 측정 기준이 되는 곳.

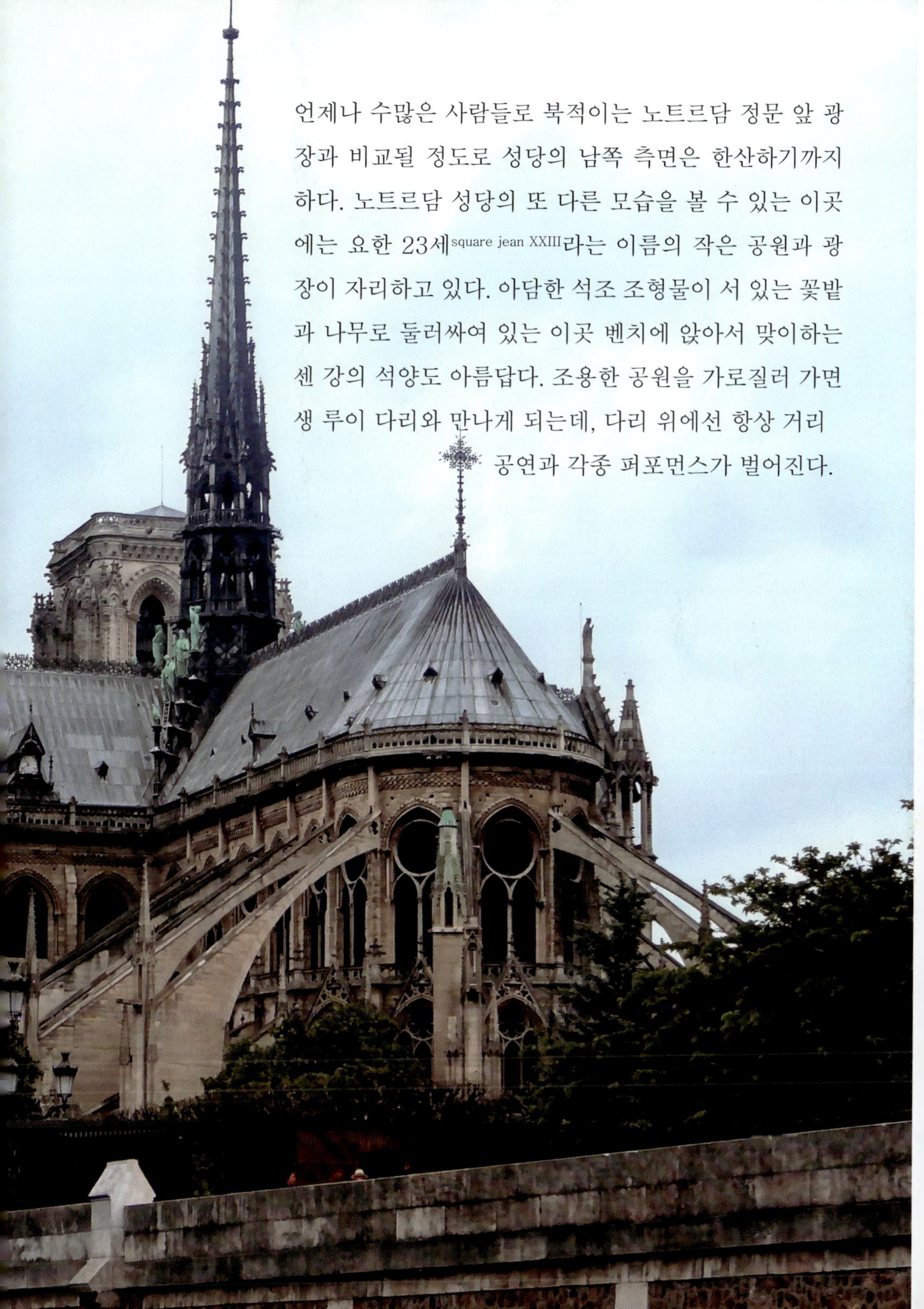

언제나 수많은 사람들로 북적이는 노트르담 정문 앞 광장과 비교될 정도로 성당의 남쪽 측면은 한산하기까지 하다. 노트르담 성당의 또 다른 모습을 볼 수 있는 이곳에는 요한 23세 square jean XXIII라는 이름의 작은 공원과 광장이 자리하고 있다. 아담한 석조 조형물이 서 있는 꽃밭과 나무로 둘러싸여 있는 이곳 벤치에 앉아서 맞이하는 센 강의 석양도 아름답다. 조용한 공원을 가로질러 가면 생 루이 다리와 만나게 되는데, 다리 위에선 항상 거리 공연과 각종 퍼포먼스가 벌어진다.

센 강에는 모두 37개의 다리가 있다.

그중 가장 마음에 드는 다리가 무엇이냐 물으면 대부분 퐁데자르

(예술의 다리)라고 말한다.

퐁데자르는 다리의 상판을 나무로 얹은 다리로 오로지 보행자만을

위해 만든 따스함과 인간미가 느껴지는 다리다.

왠지 삐그덕거리는 듯 나무로 전해오는 특별한

느낌 때문은 아닐까.

누구와도 사랑을 할 수 있을 것 같고 누구와도 사랑의 약속을 할 수
있을 것 같은 나무 다리다. 봄부터 가을까지 따스한 햇빛과 습하지
않으면서도 촉촉한 느낌의 센 강의 바람을 누리기 위해 사랑하는
사람들로 가득 찬다.
다리 위에는 거리 악사의 연주를 듣기 위한 사람들로 가득하다.

Pont Alexandre III
알렉상드르 3세 다리

센 강 위에 놓인 다리 가운데 가장 화려하다는 알렉상드르 3세 다리는
19세기 후반에 만들어진 황금색의 조각들이 아름다운 다리다.
다리의 끝부분에는 아르누보 양식의 가로등과 그리스 신화의 여신이
장식되어 있는데, 아름다운 다리의 외관 때문에 드라마나 CF의 배경으
로 자주 사용된다.

알렉상드르 3세 다리는 유람선을 타는 재미 중 하나인 손 흔들며 인
사를 주고받는 모습이 가장 자연스러운 곳이다. 다리 중앙의 조각을
보러 온 여행자들과 유람선을 타고 센 강을 따라오는 여행자들, 같은
이방인들끼리 가장 가까이서 즐겁게 인사할 수 있는 곳이다.

퐁데자르 위에선 가장 멋진 센 강의 저
녁노을을 볼 수 있다.
가장 멋진 거리 예술가들의 공연을 만
날 수 있다.
가장 아름다운 연인들을 볼 수 있다.
그리고……
가장 설레는 추억을 간직할 수 있다.

Pont Neuf
퐁네프

퐁네프는 센 강에서 가장 긴 다리로 길이 238미터, 폭 20미터에 달한다. 1577년 국왕 앙리 3세의 지시로 다리 공사에 들어가 약 30년 후인 1607년, '새로운 다리' 라는 이름을 가진 센 강의 다섯 번째 다리로 완공되었다. 다리 중간에 만들어놓은 반원형의 벤치에서는 종종 예술가들의 작품이 전시되기도 한다.

영화 〈퐁네프의 연인들〉을 추억하는 여행자들의 발길 또한 끊이지 않는 다리다.

Pont Mirabeau

미라보 다리

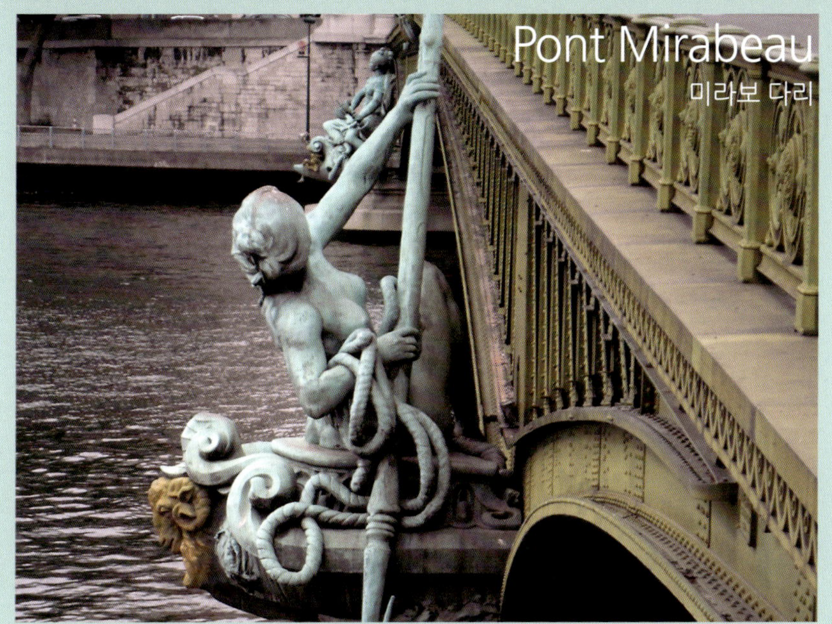

"미라보 다리 아래 센 강은 흐르고 우리의 사랑도 흘러간다."
시인이자 미술 평론가였던 기욤 아폴리네르가 연인이었던 마리 로랑생과 헤어진 후 쓴 〈미라보 다리〉라는 시로 유명해진 다리다.
오늘도 1세기가 넘는 세월 동안 수많은 사랑 이야기를 간직한 녹색 철제 다리 아래로 센 강은 여전히 유유히 흐르고 있다.

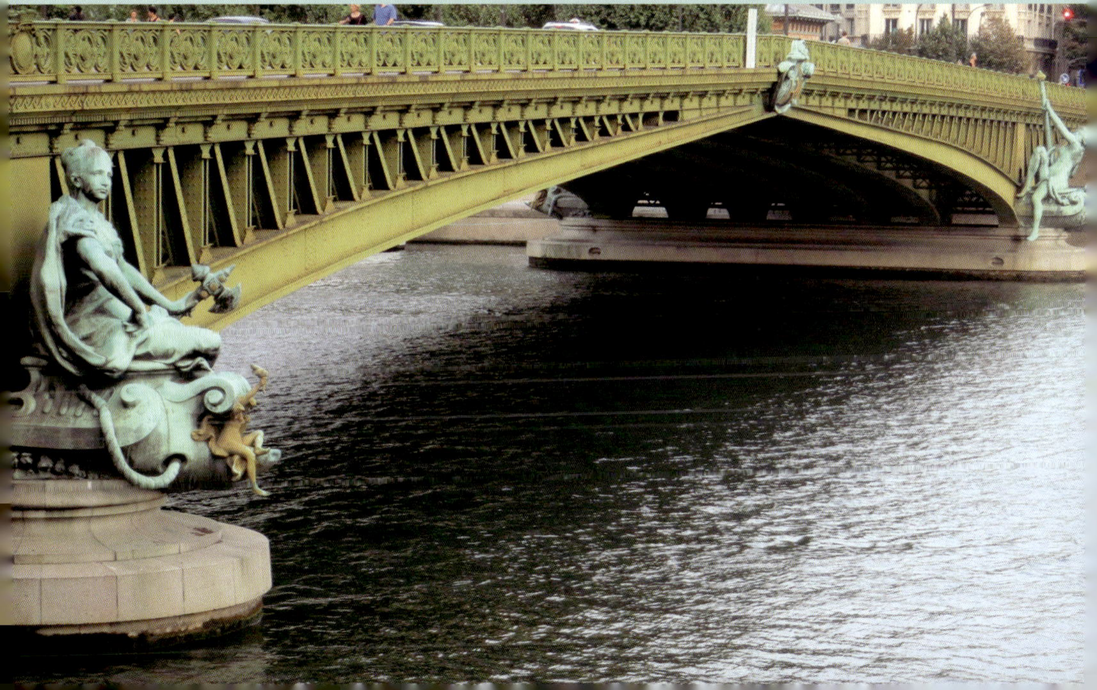

Tour Eiffel
에펠탑

센 강 서쪽 강변 샹드마르스 공원 끝쪽에 위치한 에펠탑은 프랑스 혁명 100주년을 기념해 개최된 1889년 파리 만국박람회장에 세워진 312미터의 철탑으로 파리의 상징이라 할 수 있다.

처음 에펠탑이 들어설 때 파리 시민들은 파리의 경관들을 해친다는 이유로 격렬하게 반대했고, 예술가들은 흉물스러운 철물 덩어리라며 건설 중인 에펠탑을 향해 매일 저주를 퍼부어댔다고 한다.

여러 번 철거될 위기에 처하기도 했지만 2차 세계대전 이후 송신탑으로 사용되며 현재와 같이 파리의 명물로 남아 있다.

에펠탑 내에 전망대는 총 세 개가 있으며 2전망대에는 쥘 베른의 레스토랑이 있으며, 3전망대는 파노라마로 파리 시내 전경을 감상할 수 있다.

7300톤.

전 세계 여행자들의 로망인 에펠탑에 사용된 철의 총 무게다.

철의 마술사로 불렸던 귀스타브 에펠은 1만 8,000여 개의 주철 부재와 금속을 연결하는 굵은 못인 리벳을 사용해 에펠탑을 만들었는데 대부분의 재료가 철이었기 때문에 무게도 7,300톤에 달했다.

이렇게 엄청난 양의 쇳덩어리는 세상 사람들이 가장 오르고 싶어 하는 철재 구조물로 다시 태어났다.

세상에서 가장 로맨틱한 파리의 야경을 볼 수 있는 것도 7,300톤의 쇳덩이 덕분인 것이다. 그 앞에 서 있는 자체가 감동이라 할 수 있지 않을까.

사람이 만든 탑에 사람이 오르고, 사람이 만든 도시를 내려다본다.

예술의 즐거움을 누리고 나눌 줄 아는 사람들이 사는 그곳에서 잠시 파리지앵인 양, 에펠탑 아래를 서성인다.

파리 시민의 마음이 가득한 곳, 에펠탑.

삶이 무료해지는 어느 날 오후, 다시 파리로 돌아갈 것이다.

분명히.

에펠탑 없는 '파리'는 상상할 수도 없다.

소설가 모파상이 에펠탑을 보지 않기 위해, 에펠탑 안에 있는 식당
에서 밥을 먹었다는 유명한 일화가 있지만, 지금은 파리 어디에서
나 뾰족한 철탑을 볼 수 있을 정도로 '파리' 풍경의 중심에 에펠탑
이 자리한다.

　아름다운 도시, 낭만의 도시 파리의
　곳곳에서 에펠탑이 있는 풍경을 만난다.

Palais de Chaillot
샤이요 궁

파리 만국박람회를 기념하기 위해 만든 신고전주의 양식의 건물로
에펠탑을 보기에 가장 좋은 위치로도 인기가 많다.
현재 파리 국립극장과 해양박물관, 인류 박물관, 문화재 박물관,
영화 박물관으로 사용되고 있는데 CF에서 에펠탑이 나오는 장면은
거의 다 이곳에서 촬영한다고 한다.

엘리베이터를 두 번 갈아탄 후에 도착한 에펠탑 전망대.
도시를 내려다본다는 것에 어느 정도 익숙해졌다고 생각했지만
이곳에서 보는 도시, 파리는 장관이었다.
다른 어느 곳에서도 볼 수 없는 풍광, 다른 곳에선 느낄 수 없는
낭만, 그리고 파리이기에 당연한 설렘이 눈과 마음에 가득 넘쳐
나는 곳, 파리의 하늘이 닿는 이곳은 파리의 동서남북 각각의 특
별한 매력을 만날 수 있는 곳이다.

Eglise de La Madeleine
마들렌 성당

그리스의 파르테논 신전을 닮은 마들렌 성당은 1764년에 공사를 시작해 여러 차례 중단되는 어려움을 겪다가 1842년에 완공되었다. 52개의 코린트식 원기둥이 하얀 직사각형의 사면 지붕을 떠받치고 있는 양식으로 설계되었다. 교회 정면에 조각되어 있는 앙리 르메르의 〈최후의 심판〉과 외부 벽면의 28개 성상, 십계명이 새겨져 있는 청동문, 그리고 성당 안 프랑수아 뤼드의 〈그리스도 세례상〉이 유명하다.

팡테옹은 루이 15세가 자신의 병이 나은 것을 기념해서 세운 높이 85미터의 돔을 가진 신고전주의 양식의 건축물이다.

신전 입구의 22개의 코린트 양식 기둥은 로마의 판테온에서, 철제 구조의 돔은 런던의 세인트 폴 대성당에서 영향을 받은 독특한 건축물로 지하엔 빅토르 위고, 장 자크 루소, 마리 퀴리, 알렉상드르 뒤마 등 80명의 위인이 잠들어 있다.

Pantheon

팡테옹

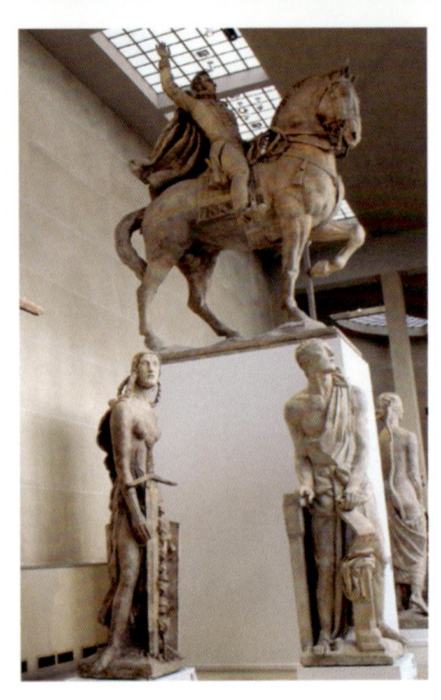

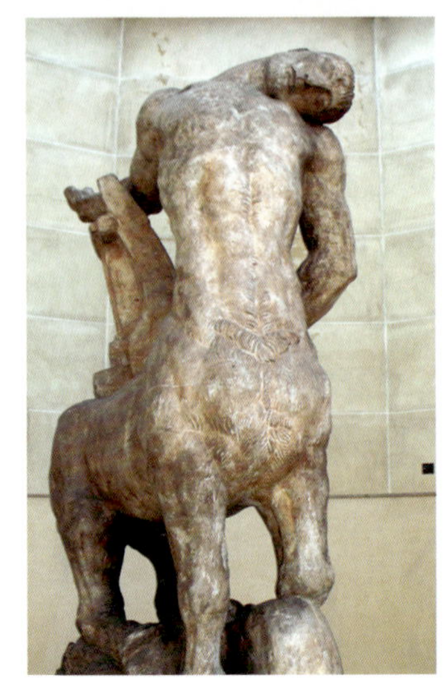

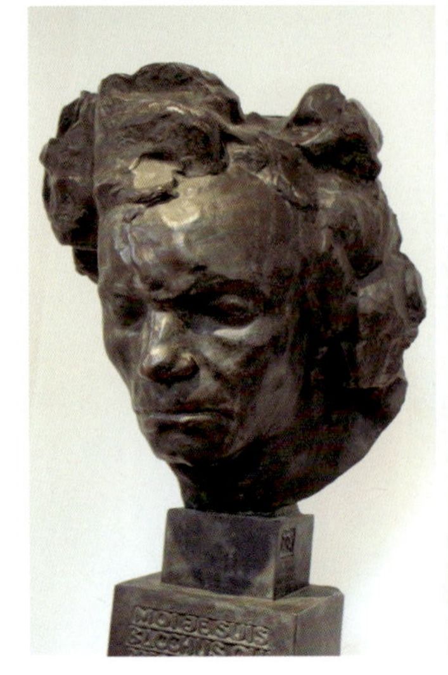

앙투안 부르델은 19세기 후반과 20세기 초반 프랑스를 대표하는 조각가로 15년간 로댕의 조수로 있으면서도 로댕과는 다르게 그리스 조각에 기초한 독자적인 작품 세계를 추구했다.
그가 세상을 떠난 1929년까지 작업실 겸 거주지로 사용했던 이곳을 부르델 미술관으로 개조했다. 그의 대표작인 〈활 쏘는 헤라클레스〉를 비롯해 여러 회화 작품도 전시되어 있다.

Musée Bourdelle

부르델 미술관

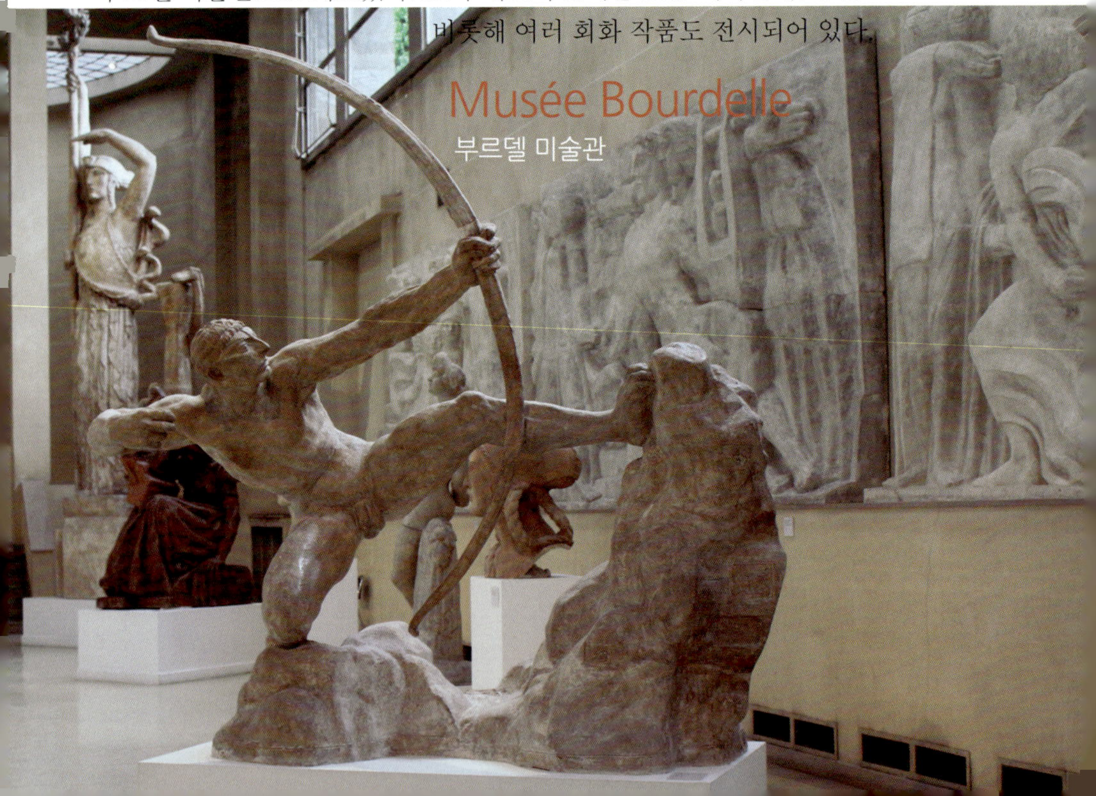

1919년, 조각가인 로댕이 세상을 떠나기 전 작업실로 사용하던 비롱 저택 내 정원에 로댕이 사망하면서 기증한 작품을 전시하기 시작하면서 미술관이 된 곳으로 정원에는 〈생각하는 사람〉, 〈지옥의 문〉, 〈칼레의 시민〉이 전시되고 있으며, 저택에는 〈키스〉 등이 전시되어 있다.

Musée Rodin
로댕미술관

Basilique du Sacré-Coeur

사크레쾨르 대성당

작가 알랭 드 보통이 평생 어슬렁거리며 살아도 좋을 것 같다고 말한 도시, 예술과 낭만으로 가득한, 고대와 중세 그리고 현대의 문화가 함께 숨쉬는 도시, 파리. 그곳, 파리의 몽마르트르 언덕 위에 파리에서 가장 사랑스러운 장소가 있다.
오래전 프랑스가 프로이센과의 전쟁에서 패한 뒤 침체된 국민의 사기를 고양시킬 목적으로 모금해 만들었다는 사크레쾨르 대성당.

1876년에 기공해 1910년에 완성되었으니 꼬박 35년 걸린 셈이다. 성당 앞에는 잔 다르크와 성 루이의 청동 기마상이 있고, 정문에는 그리스도의 생애를 그린 조각이 새겨져 있다.

성당 내부 천장의 모자이크화와 세계 최대 크기의 종이 유명하며 파리와는 어울리지 않을 듯한 비잔틴 로마네스크 양식의 하얀 돔이 아름답게 솟아 있다.

도시의 파란만장했던 역사를 보여주는 많은 건축물들이 도열해 있는 곳, 파리. 그곳에서 만나는 언덕 위 꿈의 사원 사크레쾨르 대성당에서 낭만과 예술의 도시 파리를 품에 안는다.

파리 시내에서 가장 높은 몽마르트르 언덕. 그중에서도 가장 높은 곳에
세워진 사크레쾨르 대성당은 에펠탑에서 보는 전경과는 또 다른 매력
이 있는 곳으로 파리의 전경과 야경을 보기에 좋아 늘 사람들로 붐빈다.
성당의 종루엔 무게 26톤에 달하는 세계 최대의 종이 있는데 시간마
다 울리는 종소리를 들으며 내려다보는 파리의 풍경은 특별한 감동을
준다.

당신도 나도 예술가가 되는 몽마르트르 언덕.
몽마르트르 언덕 어디에서나 볼 수 있는 샤크레 쾨르 성당.
그리고 샤크레쾨르 성당 앞에서 볼 수 있는 파리의 지붕들.

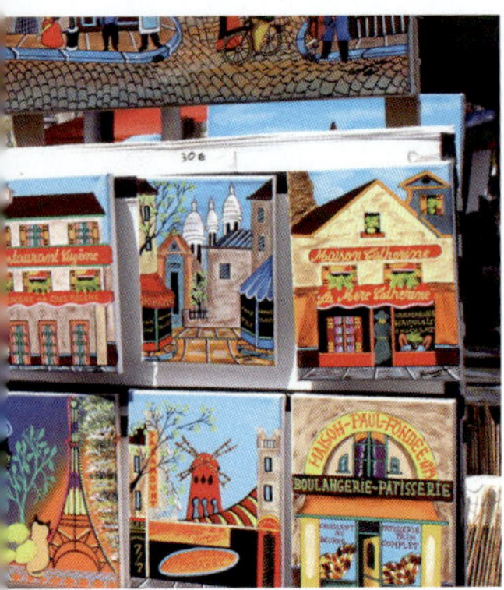

몽마르트르는 파리 시내에서 가장 높은 해발 129미터의 언덕으로 근대 미술의 발달을 촉진한 예술가들이 살았던 지역으로 유명하다.

19세기까진 파리의 외곽 지역에 불과했던 곳이었지만 파리에 편입된 후 도시의 상징이 되었고 19세기부터 몽마르트르는 자유주의자들의 아지트가 되었다.

예술가들과 시민들이 이곳으로 모여들었고, 인상파와 상징파와 입체파의 발상지라는 영광의 이름을 얻었다.

세계 어디에 살던 예술을 꿈꾸는 사람들은 몽마르트르, 이 언덕을 알고 이곳을 찾아온다.

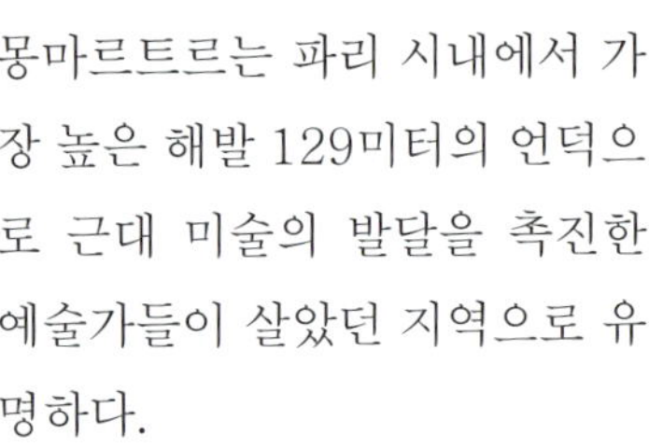

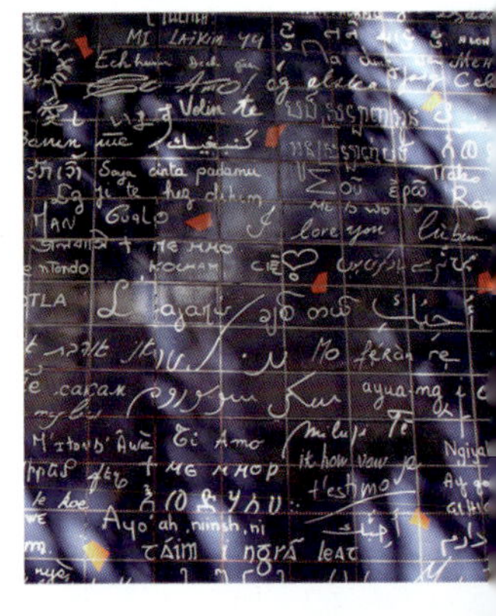

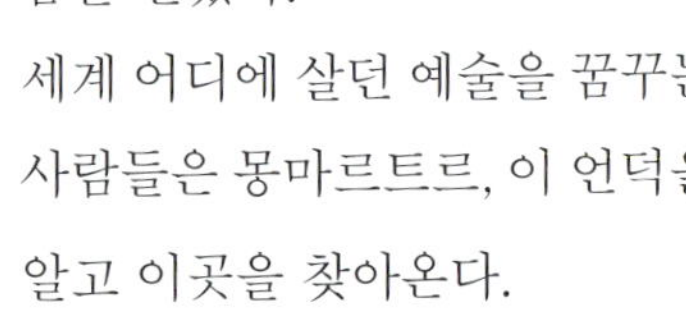

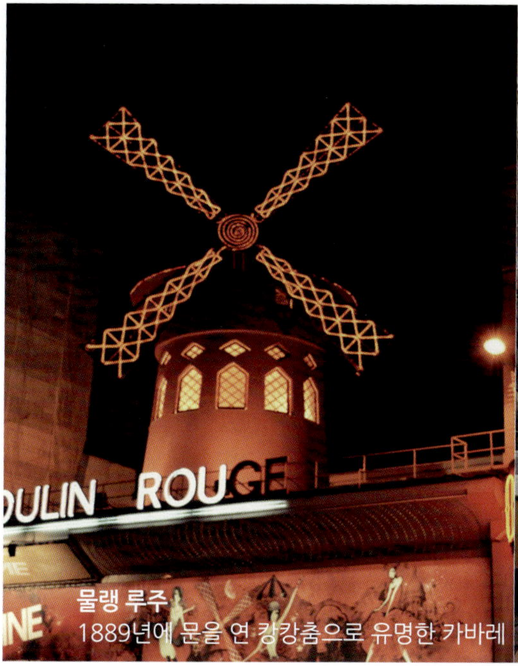

물랭 루주
1889년에 문을 연 캉캉춤으로 유명한 카바레

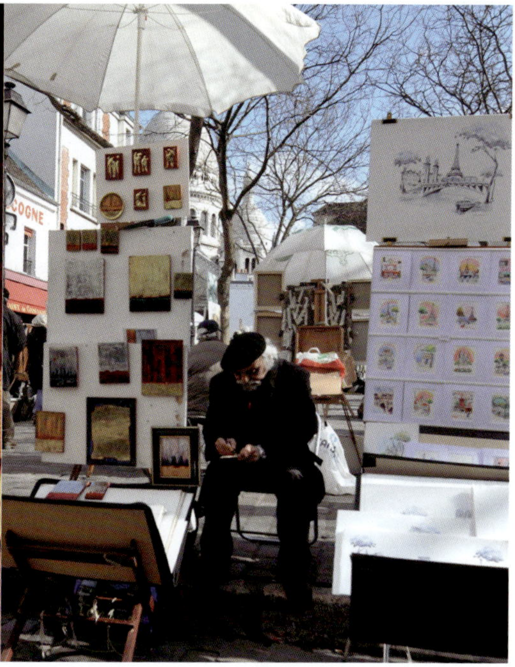

테르트르 광장에서는 어른 아이 할 것 없이 거리의 화가들에게 나만의 초상화를 부탁한다.
예술의 도시 파리에서 단순히 돈을 받고 그리는 그림이 아닌 세상에서 단 하나뿐인 열정과 인간미가 넘치는 걸작품을 받게 될 테니까.

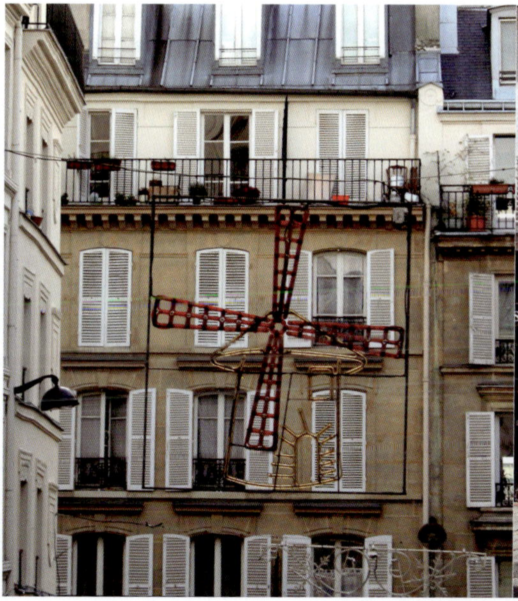

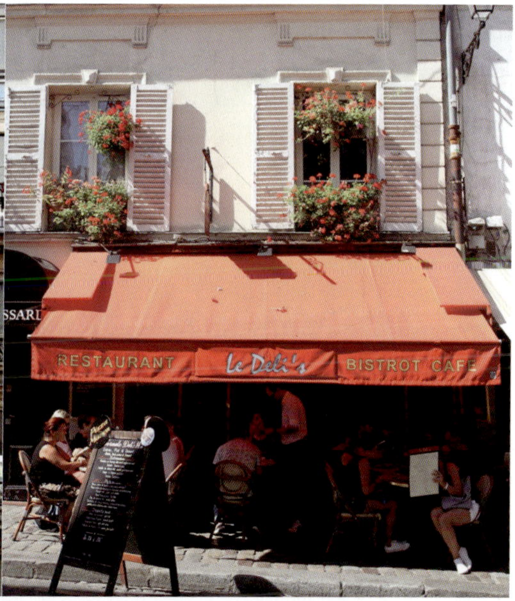

Musée de l'Orangerie

오랑주리 미술관

튈르리 정원 안에 위치하고 있는 오랑주리 미술관은 원래 오렌지 나무를 위한 온실이었다. 1927년부터 미술관으로 사용하다가 대대적인 공사를 마치고 2006년 재개관했다.

주로 인상파와 후기 인상파의 작품을 전시하고 있는 이곳에서는 세로 2미터에 가로 80미터가 넘는 클로드 모네 최후의 대작인 〈수련〉 연작을 볼 수 있는데, 〈수련〉은 모네가 말년에 살았던 지베르니의 정원에서 아침과 해질녘에 연못 위 수련을 관찰하여 그린 것이다.

오르세 미술관과 센 강을 사이에 두고 마주 보고 있는 오랑주리 미술관은 전시 작품의 수준이 매우 높은 미술관으로 인정받고 있다.

Château de Versailles
베르사유 궁전

유럽 최고의 왕권을 자랑하던 절대군주 부르봉 왕조가 107년간 살았던 곳으로 왕궁 내 거울의 방에는 17개의 대형 거울과 17개의 대형 창문이 있어 화려하다.
왕궁의 정원은 십자형 대운하를 중심으로 좌우 대칭을 이루고 있으며 계절별로 분수쇼가 열린다.

베르사유 궁전을 생각하면 누구나 루이 14세와 루이 16세, 그리고
비련의 왕비, 마리 앙투아네트를 떠올린다. 절대왕권으로 얻은 사치
와 호화로운 생활, 그리고 부도덕 상징을 끄집어낸다.
역시나 호화스러웠고, 거대했다. 궁전은 물론 부속된 건물과 토지는
방대했다. 그리고 아름다웠다.
사치와 허영의 상징으로 불리는 루이 16세의 부인 마리 앙투아네트
와 떼려야 뗄 수 없는 장소가 베르사유 궁전이다.

베르사유 정원은 귀족들의 유희의 장소였으며, 귀족들이 산책하는 장소이자 왕가의 권위를 나타내기 위한 곳이었다. 결국 베르사유 궁전은 마리 앙투아네트 일생의 흥망성쇠를 고스란히 지켜본 곳이다.

화려한 궁정에서 햇빛도 들지 않는 감옥으로, 왕좌에서 단두대로, 그녀는 인간이 겪을 수 있는 최상의 것과 최하의 것을 모두 겪었다.

FAMILLES
DESPRAT et BREISSAN
A LA MÉMOIRE
D'ANATOLE DE LA FORGE
LE VAILLANT DÉFENSEUR DE St QUENTIN
LE FIDÈLE SERVITEUR DE LA DÉMOCRATIE
SOUSCRIPTION NATIONALE
8 OCTOBRE 1893

Père Lachaise Cemetery

페르 라셰즈 묘지

에디트 피아프, 쇼팽, 알퐁스 도데, 오스카 와일드, 짐 모리슨, 모딜리
아니 등 시대와 분야를 망라한 유명인들이 잠들어 있는 이곳은 묘지라
기보다는 야외 조각공원 같은 곳이다.
좋아했던 사람을 기억하는 사람들의 발길이 조용히 이어진다.

　‘조화’와 ‘화합’의 뜻을 지닌 이곳은 파리 시민들이 ‘세계에서 가장 아름다운 광장’이라 자부하는 곳이다. 하지만 프랑스 혁명 당시 아픈 역사의 무대로 마리 앙투아네트, 루이 16세 등 무려 1,343명이 이곳에서 처형을 당했다. 23미터 높이의 오벨리스크, 바티칸의 산 피에트로 광장의 분수를 모방한 두 개의 분수, 여덟 개의 모퉁이의 여신상이 있는데 광장의 상징인 오벨리스크는 이집트의 부왕이 헌납한 것으로 이집트 룩소르 신전의 것을 4년여에 걸쳐 운송한 것이다.

La Place de la Concorde
콩코르드 광장

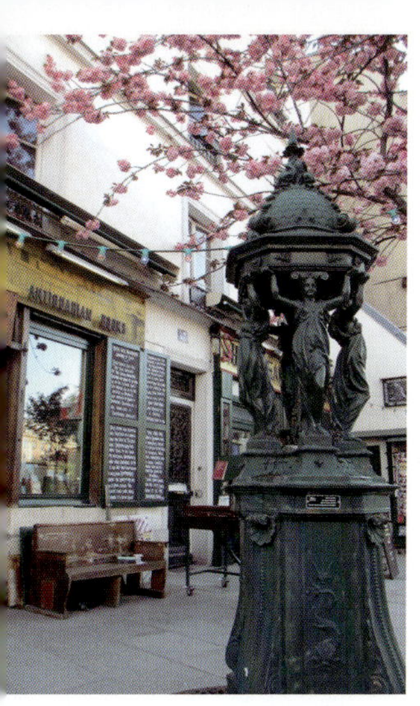

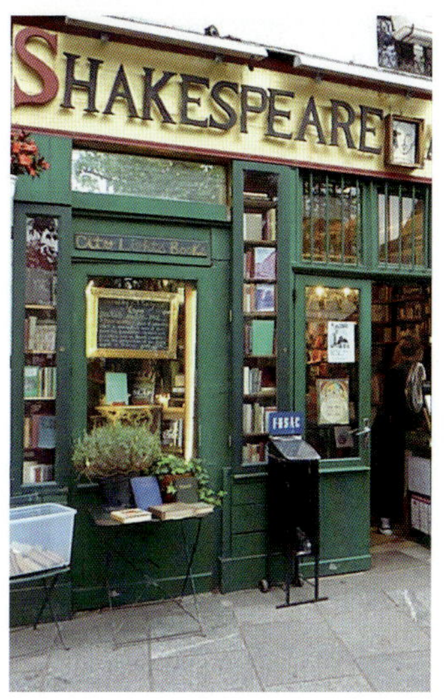

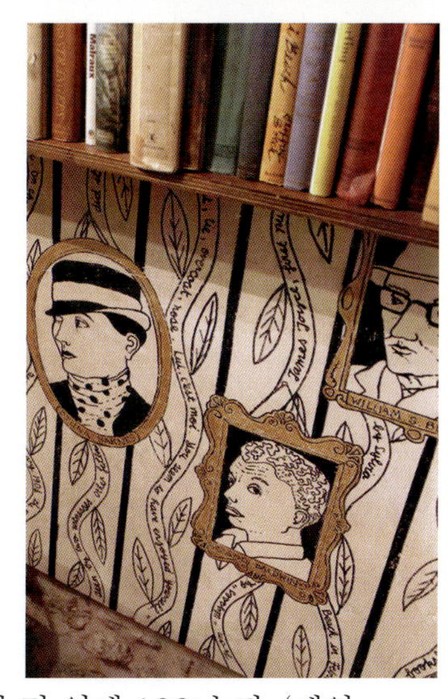

시테 섬에서 생 미셸 방향으로 다리를 건너면 길 옆에 100년 된 '셰익스피어 앤드 컴퍼니' 서점이 있다. 마치 고흐의 그림 같은 노란색 간판과 창문 프레임이 인상적인 예쁜 서점 앞엔 항상 책을 고르는 사람들로 가득하다. 서점의 2층은 글을 쓰는 사람들의 꿈의 공간이자 책을 좋아하는 사람들에겐 보물 같은 곳이다.

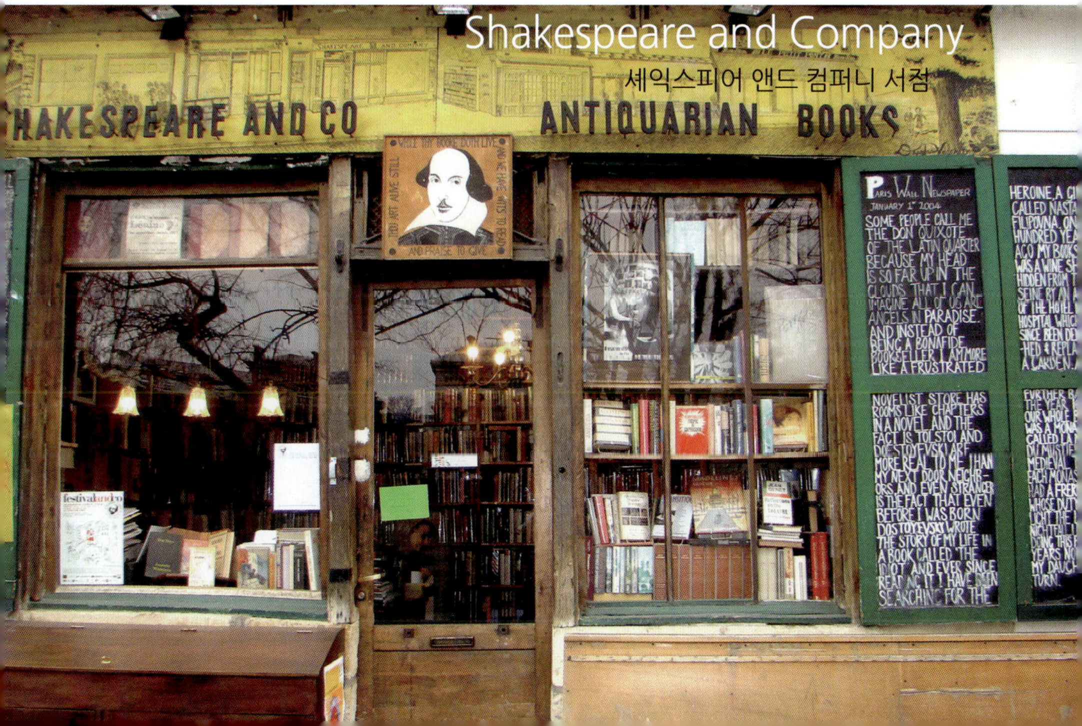

Shakespeare and Company
셰익스피어 앤드 컴퍼니 서점

Hôtel de Ville
파리 시청사

멋진 르네상스 양식으로 지어진 파리 시청사 앞 광장에서는 항상 크고 작은 행사가 열리는데 파리 시민들이 가장 가까이에서 문화와 예술을 접할 수 있는 곳 중에 하나가 이곳이다.

가을에는 우리도 잘 아는 소설, 《꼬마 니콜라》 강독회가 아이들과 부모들이 참석한 가운데 열리고, 겨울철에는 시민들이 가장 즐거워하는 스케이트장으로 바뀌어 서서 구경하기도 힘들 정도로 많은 사람들이 이곳을 찾는다.

파리의 시청은 사계절 내내 '행복한' 만남이 있는 곳이다.

나폴레옹 3세의 명으로 1875년에 건축된 프랑스에서 가장 아름다운 건물 중 하나이며 뮤지컬 〈오페라의 유령〉의 무대로 알려져 있다. 바스티유 오페라가 생기기 전까지는 이곳에서 주로 오페라가 공연되었는데 현재는 발레 전용관으로 쓰이고 있다.

천장에 장식되어 있는 샤갈의 프레스코화 〈꿈의 꽃다발〉과 8톤 무게의 샹들리에가 유명하다.

센 강

그리 넓지 않은 폭을 가진 파리를 이야기할 때 빠질 수 없는
파리의 대표 이미지 중 하나다.
전 세계에서 찾아온 여행자들의 마음과 눈을 싣고 오가는
유람선과 함께 흐른다.
파리를 찾은 저마다의 '추억'을 품고 오늘도 흐른다.
나도 그곳에 아름다운 '기억' 하나 흘려보내고 돌아섰다.

P

WHAT'S ON A MAN'S
16 Rue de Clichy
JOYEUX
MOULIN ROUGE
CAMEL
FILTERS
PARIS QUI DANSE
Tous les Soirs
SPECTACLE · CONCERT · BAL
MOULIN ROUGE
CONCERT
MOULIN ROUGE
BAL
MOULIN ROUGE
LA GOULUE
CHOCOLAT
PARIS 190

PARIS
LA NUIT
1912
NOTRE BEAU PARIS
MODE

CHOCOLATIER
Le Jardin de Paris

ROPOLITAIN

MOULIN ROUGE

PAR

260 €
10 €

JE
T'AIME

Praha
프라하 _ 체코
141

프라하 구시가지 광장

프라하의 어느 골목에서 나와 마주치게
되면 '아름답다' 라는 말이 제일 먼저 떠
오르는 곳, 구시가지 광장.
얼마 전까지도 아픔과 사연이 많았던 곳
임에도 불구하고 거의 옛모습 그대로를
간직하고 있다. 카를교 못지 않은 많은
사람들로 북적거리는 이 광장은 '진짜'
중세의 매력에 푹 빠져드는 곳이다.

현지어로 오를로이라고 부르는 천문시계는 상하 두 개의 큰 원형으로
이루어져 있는데 천동설의 원리에 따른 해와 달과 천체의 움직임을 묘
사했다. 일반적으로 1년에 한 바퀴씩 돌면서 연, 월, 일, 시간을 나타내
며 아래쪽 원엔 당시의 농경생활 장면이 계절마다 열두 개로 나뉘어
그려져 있다.

Pražský Orloj
프라하 구 시청사 천문시계

성 비트 성당과 함께 프라하 건축을 대표하는 80미터 높이의 두 개의 첨탑이 인상적인 11세기 고딕 양식의 틴 성당은 낮에도 아름답지만 밤의 야경이 더욱 아름다운 성당으로 두 개의 첨탑은 각각 아담과 이브라는 낭만적인 이름을 가지고 있다.

Matky Boží. Před Týnem
틴 성당

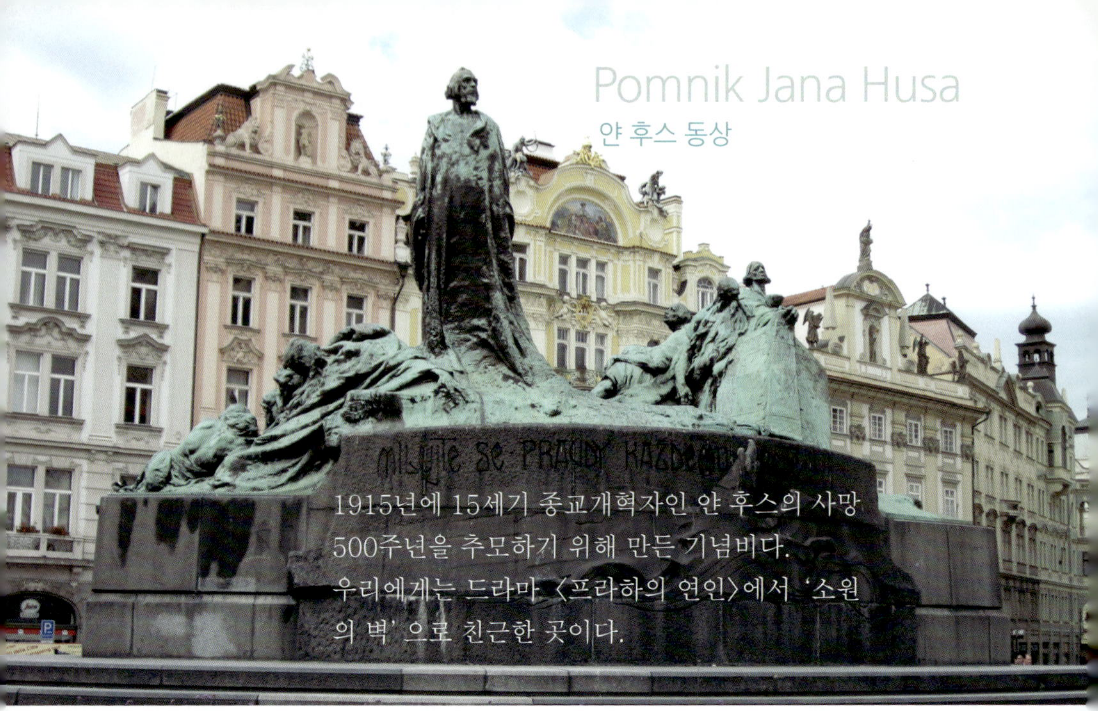

1915년에 15세기 종교개혁자인 얀 후스의 사망
500주년을 추모하기 위해 만든 기념비다.
우리에게는 드라마 〈프라하의 연인〉에서 '소원
의 벽'으로 친근한 곳이다.

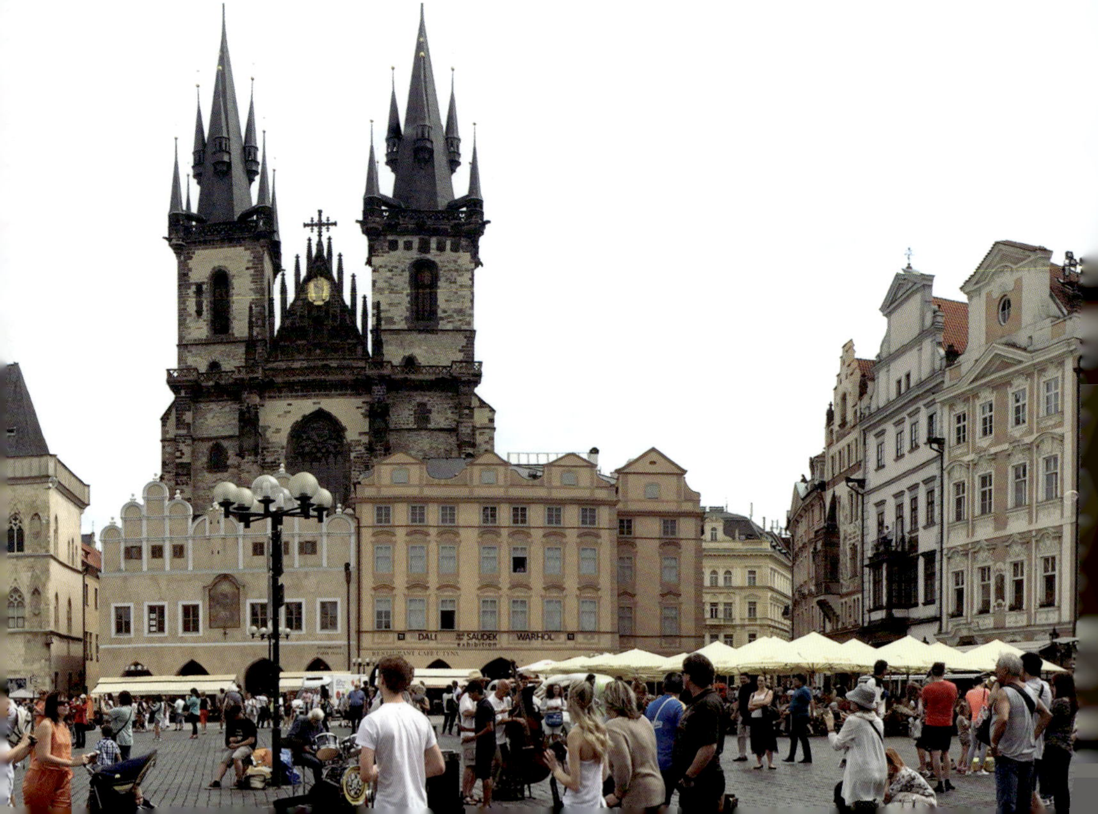

프라하 여행의 시작이 되는
곳이라 할 수 있는 구시가
지 광장은 중앙에 얀 후스
기념비가 서 있고, 광장 주
변으로 로마네스크, 바로
크 등의 다양한 양식으로
지어진 역사적인 건물들이
둘러싸고 있다.
이곳에 구시청사를 비롯한
대부분의 볼거리가 모여 있
고 광장을 중심으로 크고
작은 길이 나 있다.
광장엔 노천카페와 식당들
이 많은데, 이곳에 앉아 광
장을 오가는 세계인들을 바
라보는 재미도 특별하다.
이곳에서 반드시 해야 할
일 중 하나는 구시청사 탑
정상에 올라가 구시가지
를 바라보는 것이다. 천문
시계가 있는 287개 계단
을 올라가 바라보는 구시
가지 광장과 프라하 성 전
경은 절대 놓쳐서는 안 될
풍광이다.

매시 정각이 가까워지면 사람들이 모여들기 시작한다.
한 사람 또 한 사람, 사람들의 숫자는 늘어가고,
어느새, 시계탑 아래 광장은 사람들로 가득 찬다.
그리고 같은 곳을 올려다보며 종소리를
기다린다. 이윽고 정각이 되면,
지상에서 하나밖에 없는 38초간의 쇼가
펼쳐진다.
쇼는, 닭울음 소리와 시간을 알리는
종소리와 함께 막을 내린다.

구시가지 광장 한 켠에 서 있는 바로크 건축의 정수로 꼽히는 성 미쿨라셰 성당은 모차르트가 1787년에 2,500개의 파이프가 달린 오르간을 연주했던 곳이다.

후기 바로크 양식의 금장식과 대리석이 내부 곳곳을 장식하고 있어 매우 화려하게 느껴지는데, 그 때문에 건축학적인 측면에서도 중요한 건물로 자리매김하고 있다.

모차르트의 장례 미사가 바로 이곳 성 미쿨라셰 성당에서 집전되어 더욱 의미가 깊다.

지금도 특별한 일이 없는 한 매일 오후 6시에 파이프 오르간 연주회가 열린다.

틴 성당 옆으로 난 골목을 들어가는 길에는 13세기 후반에 지어진 고딕 건물로 18세기에 건물 정면을 바로크 양식으로 개조했다가 다시 고딕 양식으로 복구한 후 오늘에 이르고 있는 '돌종의 집'이라는 이름의 건물이 있다.

현재 갤러리로 사용되고 있으며 건물사적으로 가치를 인정받는 건물이다.

성 미쿨라셰 성당

돌종의 집

구시가지와 프라하 성을 이어주는 다리인 카를교는 길이 520미터, 폭 10미터의 고딕 양식으로 1683년, 카를 5세의 명으로 만들기 시작해 1714년에 완공된 중부 유럽에서 두 번째로 오래된 석조 다리다. 5분이면 건널 수 있는 다리지만, 1시간이 지나도 사람들은 아쉬운 마음에 여전히 다리 위를 서성이며 세상에서 가장 낭만적인 다리를 떠나지 못한다.

프라하의 여행이 시작되는 구시가지 광장에서 좁은 골목길을 따라 걷다가 큰 도로로 나오면 카를교를 만날 수 있다.

세상에서 가장 아름다운 돌다리인 카를교 앞에는 사시사철 많은 사람들로 인산인해를 이룬다. 웅장한 고딕 양식의 교탑을 지나면 카를교 돌 위에 서게 된다. 여러 악기가 내는 음악 소리와 아기자기한 수공예품을 파는 노점이 양옆으로 펼쳐져 있다.

다리 난간의 30개 성상이 이 돌다리를 더욱 특별하게 만들어준다. 시간과 날씨, 계절에 따라 제각기 다른 모습을 보여주는 카를교는 몇 번을 가도 늘 새로운 곳이다.

얀 네포무츠키 신부가 순교한 자리에 세워진 조형물은 만지면 소원이 이루어진다는 전설로 청동판은 반질반질하게 닳아 있고 사랑의 열쇠가 걸려 있다.

또한 카를교는 프라하 여행의 다리 역할을 하기도 한다. 프라하 여행의 중심인 구시가지 광장으로 이어지는 것은 물론이고, 여유로운 시간을 보내기에 적격인 카파 섬과도 연결되어 있다. 또한 아기자기한 쇼핑 거리인 네루도바 거리, 프라하 성과도 연결된다. 여러모로 카를교는 프라하 여행의 핵심이라 할 수 있다.

구시가지 쪽 탑 위에 오르면 숨이 막히도록 아름다운 카를교와 프라
하 성의 풍광을 한눈에 볼 수 있다. 카를교 위에서는 눈에 담기는 모
든 것이 마음을 설레게 한다. 카메라 렌즈를 어디에 두고 찍어도 '엽
서 사진' 같은 풍광이 찍힌다.

익숙한 멜로디와 수준급의 연주로 여행자의 눈과
귀, 그리고 마음을 사로잡는 카를교 위의 악사들.

Nerudova Ulice

네루도바 거리

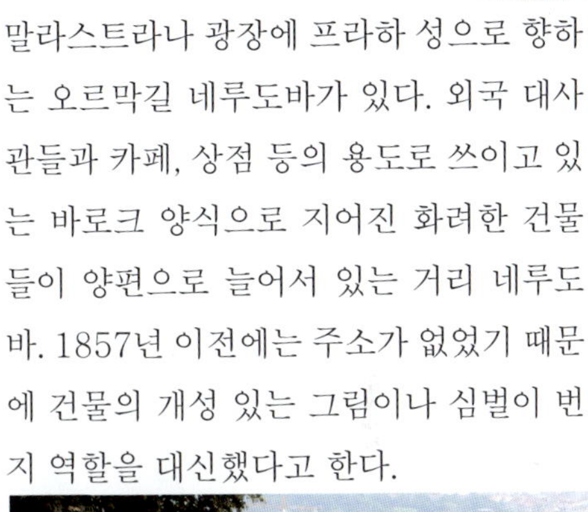

카를교를 건너면 만나는 말라스트라나 광장에 프라하 성으로 향하는 오르막길 네루도바가 있다. 외국 대사관들과 카페, 상점 등의 용도로 쓰이고 있는 바로크 양식으로 지어진 화려한 건물들이 양편으로 늘어서 있는 거리 네루도바. 1857년 이전에는 주소가 없었기 때문에 건물의 개성 있는 그림이나 심벌이 번지 역할을 대신했다고 한다.

가장 유명한 집은 거리 이름의 주인공이자 프라하의 국민 작가로 불리는 낭만주의 시인 '얀 네루다'가 20년 동안 살았던 집이다. 이 집의 문에는 두 개의 태양 문양이 있는데 이 거리의 집들은 집 주인의 직업이나 특징을 상징하는 다양한 문양을 문 위에 붙여 놓고 잘 보존한 덕분에 여행자들에게 특별하고도 독특한 볼거리를 제공하고 있다.

Prǎzský Hrad
프라하 성

HERGETOVA CIHEL

1,100년의 역사를 간직하고 있는 프라하 성은 1918년부터 대통령궁
으로 사용하고 있는데 현재까지 사용하는 세계에서 가장 큰 성으로 기
네스북에 올라 있기도 하다.
프라하 성에 도착하면 대부분은 흐라드차니 광장으로 모이게 되는데
이곳에선 매시 정각마다 성을 지키는 근위병들의 교대식이 열린다.

성 비타 성당을 비롯한 볼거리가 많은 프라하 성이지만 그중에서도 반
드시 287개의 계단을 올라가야 하는 고통(?)이 있지만 첨탑 전망대는
놓쳐서는 안 된다. 발아래로 펼쳐지는 붉은 지붕이 가득한, 프라하 시
내의 장관을 볼 수 있기 때문이다.

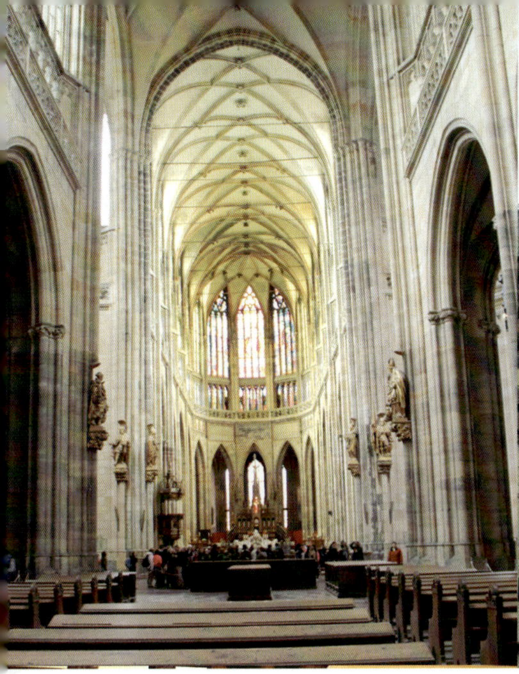

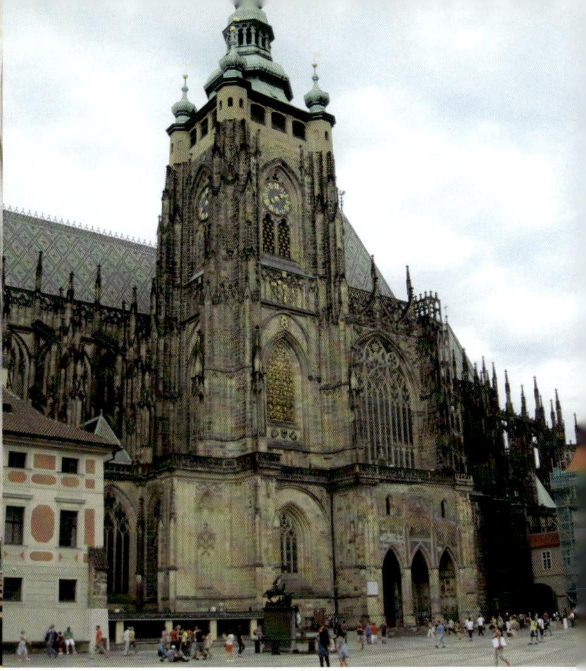

Katedrála Sv. Vita

성 비타 성당

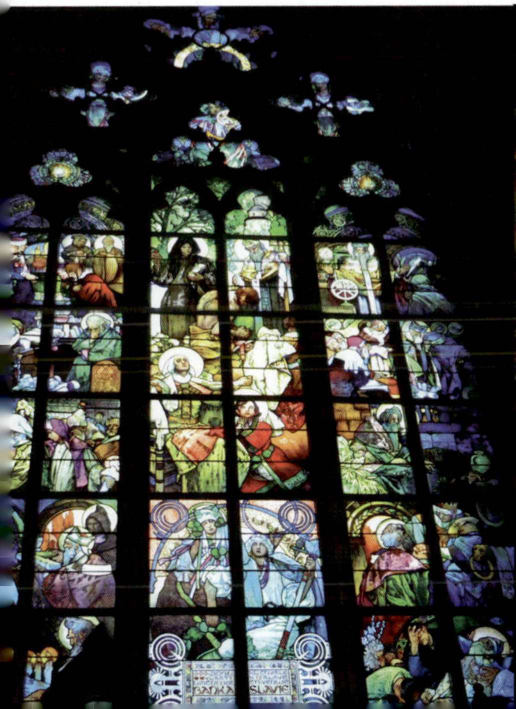

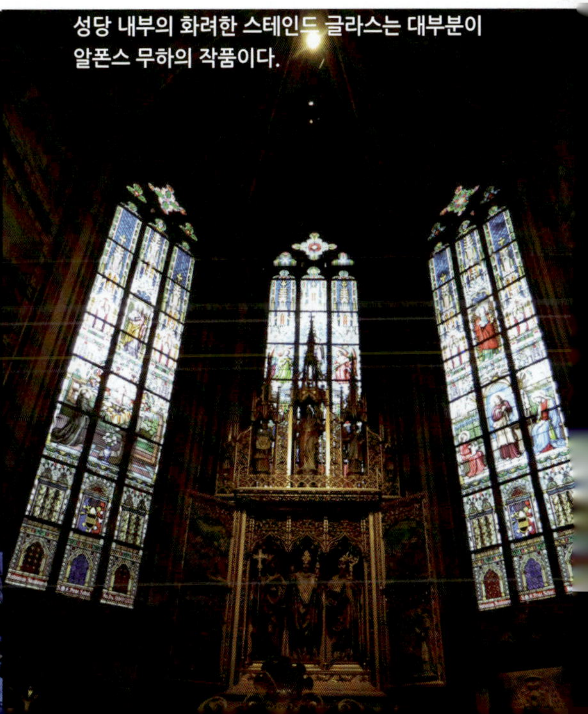

오스트리아의 유명한 슈테판 성당의 모델이기도 한 비투
스 성당은 프라하의 역사를 함께한 건축물로 로마네스크
양식으로 건축되었던 것을 카를 4세가 고딕 양식으로 바
꾸었는데 20세기에 지금의 성 비투스 대성당의 모습이 완
성되었다.

요즘은 자고 일어나면 건물 하나가 흔적도 없이 부서져 있고, 그 자리에 건물 하나 새로 들어서는 데 채 몇 달이 걸리지 않는다.

600년이나 걸려 완성된 건축물을 본다는 것은, '빨리빨리'가 익숙한 현대인들에게 진정 경이로운 일이 아닐 수 없다.

프라하 성의 상징인 성 비타 성당이 바로, 600년에 걸쳐 완성되었다. 전체 길이가 124미터에 너비는 60미터, 첨탑의 높이만도 100미터에 이른다는 성 비타 성당.

이곳에서 대부분의 사람들은 세 가지에 놀란다. 우선, 완공까지 걸린 시간에 놀라고 다음으로는 그 규모에 놀라고 마지막으로 성당 내부의 스테인드 글라스에 놀란다.

나는 특히, 어마어마한 스테인드 글라스에 무척이나 놀랐는데, 중세 시대부터 유럽 최고의 기술과 품질을 자랑하던 보헤미아의 글라스 기술을 이용한 작품들이라고 한다.

성당 안에는 바츨라프 2세의 묘가 있는 바츨라프 예배당과 287개의 계단을 올라가는 첨탑 전망대, 중앙 제단 뒤에 위치한 성 네포묵의 화려한 무덤과 보헤미아 왕들의 지하 무덤 등 많은 볼거리가 있다.

Zlatá Ulícka
황금 소로

황금 소로는 20여 미터 남짓한 골목에서
프라하의 전통과 예술의 향기를 느낄 수
있는 곳으로 아기자기하고 예쁜 공예품
들이 여행자들의 손길을 기다리고 있다.

프란츠 카프카의 작업실
이었던 22번지 집

프라하 성 안 모퉁이 좁은 골목에 빼곡하게 자리 잡은 자그마한 집
들이 있는 골목, 황금 소로. 예쁜 색깔의 벽돌집이 늘어서 있는 동화
속 마을 같은 골목, 황금 소로는 원래 프라하 성을 지키는 병사들의
막사로 사용하던 곳이었다가 16세기 후반부터는 연금술사와 금은
세공사들이 살면서 황금 소로라고 불리기 시작했다. 지금도 프라하
예술가들의 창작활동의 상징인 곳이다.

Zed' John Lennon

존 레논 벽

카를교를 건너면 그 왼편에 자유를 열망하던 체코의 젊은이들이 그들의 염원과 의지를 낙서와 그림으로 표현한 작은 벽이 있다.

사랑과 평화를 노래했던 비틀즈 존 레논의 노래가 체코의 많은 젊은이들에게도 큰 영향을 끼쳤다. 그리고 그들은 '프라하의 봄'을 만나게 된다.

그들의 생각과 주장을 고스란히 담았던 이 작은 벽은 이제, 프라하를 찾는 수많은 여행자들의 사랑과 평화의 메시지로 새롭게 채워지고 있다.
이념과 국경도 막을 수 없는 음악으로 만든 작은 벽.
평화와 사랑을 전하는 세계인의 낙서장이다.

IMAGINE

JOHN LENNON

Petřinská Rozhledna
페트르진 전망대

프라하 어디에서나 멀리 보이는 탑이 있다.

설마 파리의 에펠탑을 따라 했을까 싶은 철탑의 이름은 페트르진 전망대이고, 에펠탑을 모델로 만든 것이 맞다.

1891년 국제 박람회 개최 기념으로 파리의 에펠탑을 본떠 만든 것으로 총 높이는 약 60미터지만, 언덕의 제일 높은 곳에 세웠기 때문에 좁은 나무 바닥을 밟고 올라 전망대에 서면 프라하 성과 성 비타 성당, 그리고 블타바 강의 모습과 함께 멀리 프라하 외곽 지역까지 붉은 지붕이 어우러진 아름다운 풍경을 볼 수 있는 프라하 최고의 전망 포인트다.

이곳까지는 등산 열차를 타고 올라갈 수도 있지만, 멋진 풍경을 보면서 걸어가는 것을 추천한다.

Strahovsky Kláster
스트라호프 수도원

1140년에 처름 세워진 스트라호프 수도원엔 세계에서 가장 아름다운 도서관이 있다.
총 14만 권에 달하는 장서가 철학의 방과 신학의 방에 나뉘어 있는데, 철학의 방 천장은 마치 루브르 박물관 같은 프레스코화로 장식되어 있다. 또 성모 마리아 성당 안에는 모차르트가 직접 연주했다는 바로크 풍의 오르간도 볼 수 있다.

Josefov
유대인 지구

프라하에서 유대인 지구는 유대인에게 비교적 관대했다는 요제프 2
세의 이름을 따서 '요제포브Josefou'라고 불린다.
아이러니하게도 유대인을 학살하는 데 앞장섰던 나치에 의해 보존
된 이곳은 구시가지 광장과 연결되어 있는 파르지주스카 거리를 따
라 5분 거리에 위치하고 있다.

프라하의 역사와 함께해온 유대인의 삶과 죽음을 만날 수 있는 곳으로 몇 개의 유대교 회당 시너고그와 유대인 묘지, 민가 등이 남아 유대인 수난의 역사를 기록한 곳이다.

10세기 무렵부터 상업의 도시로 알려진 곳으로 유대인 상인들이 모여들기 시작해 제2차 세계대전 전까지 유럽에서 유대인이 가장 많았던 곳이었지만 6만 명이나 되던 유대인들은 나치의 점령 이후 겨우 2,500여 명밖에 살아남지 못했다고 한다.

모든 것이 낭만적이고, 아름답고, 행복한 이야기만 있을 것 같은 프라하에도 아프고 슬픈 이야기가 있었다.

로레타 성당

천사장인 가브리엘이 마리아 앞에 나타나 예수를 잉태할 것이라 예언
했다는 장소인 이탈리아의 산타 카사. 현재 이탈리아 로레타에 있는
이 산타 카사를 그대로 재현한 곳이 로레타 성당이다.

매 시간 27개의 종이 〈마리아의 노래〉를 연주하는 것
으로 유명하며 2층 보물 전시실에는 화려하고
의미 있는 전례용품과 성물들이 전시되어 있다.
그중에서도 금과 6,222개의 다이아 몬드로
만든 성광(전례 도구)이 가장 눈길을 끄는데
300년이 훌쩍 넘은 보물 중에 보물이다.

네오 르네상스 양식의 건물인 루돌피눔은 체코 문화의 성지라 할 수 있는 야나 팔라하 광장의 중심에 자리 잡고 있는 프라하 필하모닉 오케스트라의 홈이기도 하다.

이곳에선 영화제 시상식 등 대부분의 주요 행사가 열리는데, 드보르자크 홀은 매년 5월에 열리는 음악 축제인 '프라하의 봄' 에서 시민회관의 스메타나 홀과 더불어 메인 연주 홀로 사용된다.

Václavské Námesti
바츨라프 광장

바츨라프 광장은 소비에트군의 침공에 맞서 싸운 항전지로, 1989년 11월 벨벳 혁명 때는 수십만 명의 체코 시민이 모이는 등 격동의 체코 근대사를 지켜본 역사적인 장소로 거리가 너비 60미터, 길이 700미터에 달하는 활기차고 번잡한 곳이다.

1968년 자유·인권·민주를 향한 외침인 '프라하의 봄' 과 1989년 민주화 시민 혁명이었던 '벨벳 혁명'이 일어났던 곳으로 체코 현대 사의 중심에는 바츨라프 광장이 있다.

광장이라기보다는 대로 같은 이곳의 양옆에는 상점과 호텔, 카페 등 이 늘어서 있는데 광장의 동쪽 끝에 위치한 국립 박물관과 그 앞에 세워진 체코의 수호성인인 '성 바츨라프' 기마상이 광장을 내려다 보고 서 있다.

사르트르나 카뮈의 실존주의 문학에 지대한 영향을
미친 작가인 카프카의 박물관.
이곳엔 그와 관련한 사진들과 원고 등이 전시되어
있어 소설 《변신》으로만 알고 있던 카프카를 좀 더
이해할 수 있는 공간이다.

마당 한가운데에는 체코 지도 모양
을 한 통 안에 두 사람이 마주보고
서서 소변을 보고 있는 일종의 분수
가 설치되어 있는데 체코의 조각가
다비드 체르니카 만든 것으로 모두
에게 웃음을 선물하는 재미있는 조
형물로 인기가 많다.

발트슈테인 궁전 바로크 양식으로 지어진 궁전. 아름다운 정원으로 유명하다.

시민회관 '프라하의 봄' 음악 축제가 시작되는, 체코의 유명 예술가들의 작품을 볼 수 있는 아르누보 양식의 건물

춤추는 빌딩 구겐하임 미술관을 건축한 미국의 건축가 프랭크 게리의 작품으로 남녀가 춤추는 모습을 형상화했다.

하벨시장 볼거리가 가득한 프라하의 대표적인 노천시장

프라하 성 방면으로 카를교가 끝나는 곳
에 위치한 예술과 젊음의 동네, **캄파 지구**

타로 카드로 유명한 체코 출신 아르누보의
대표 화가, **알폰스 무하 박물관**

신시가지와 구시가지의 경계가 되는 곳
으로 1475년 건축된 **화약탑**

국립극장 시민들의 성금으로 지은 극장으로
7월과 8월을 제외하고 매일 공연이 있다.

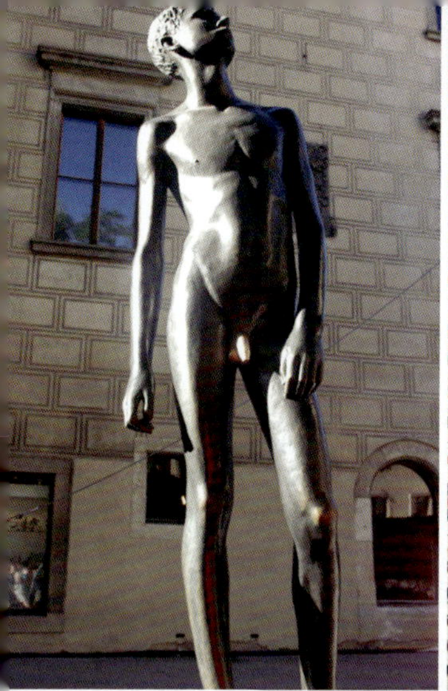
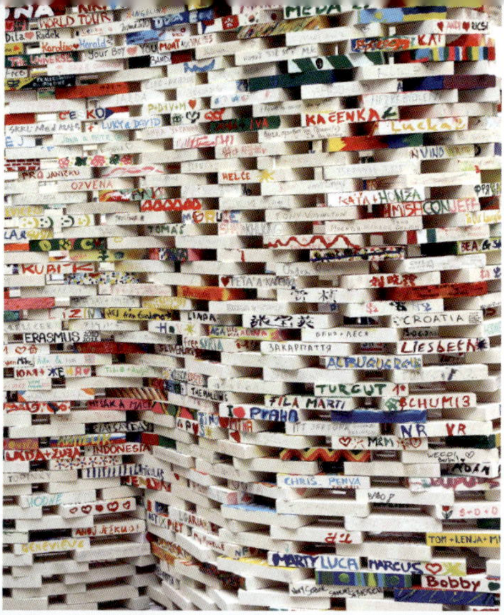
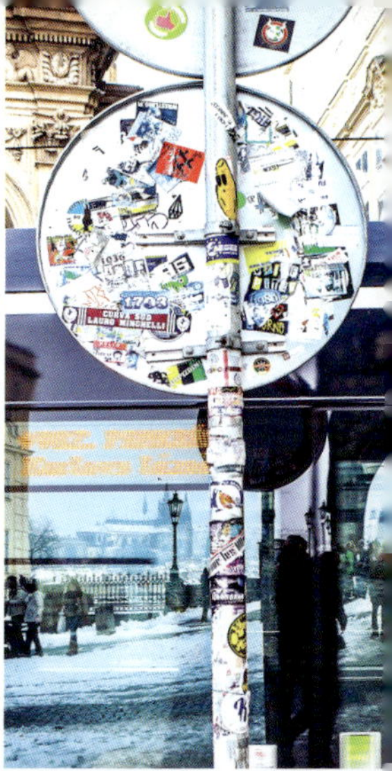
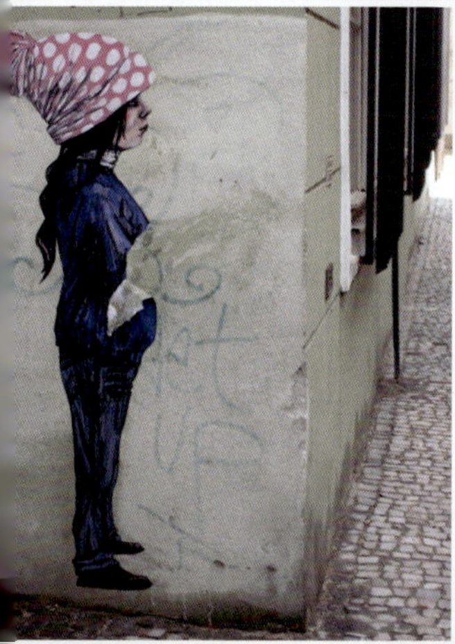
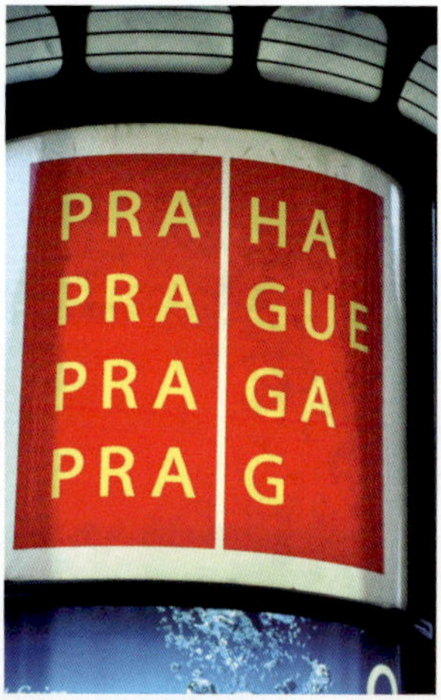
PRA HA
PRA GUE
PRA GA
PRA G
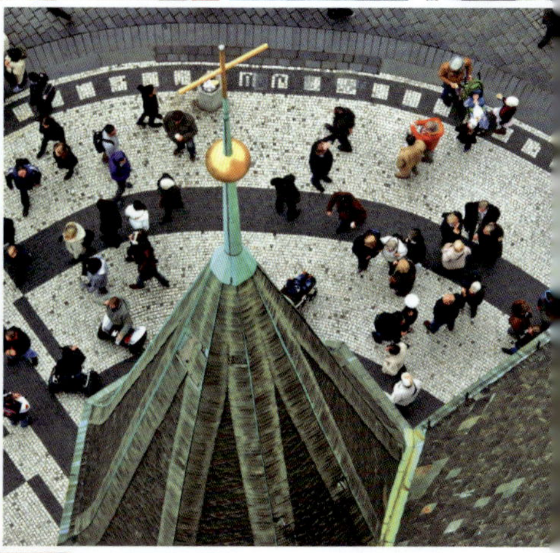
FRANZ KAFKA
PRAGUE

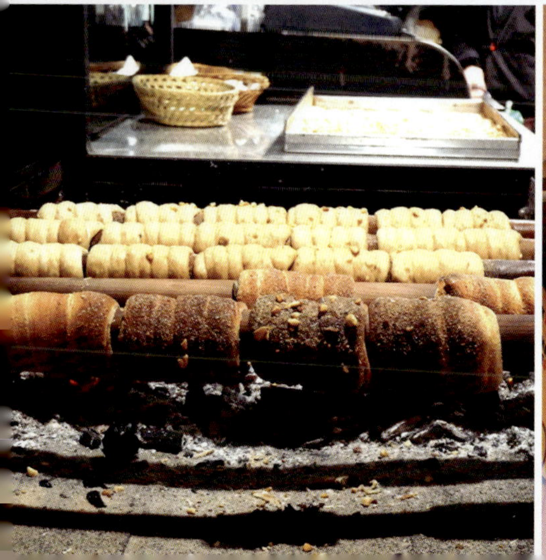

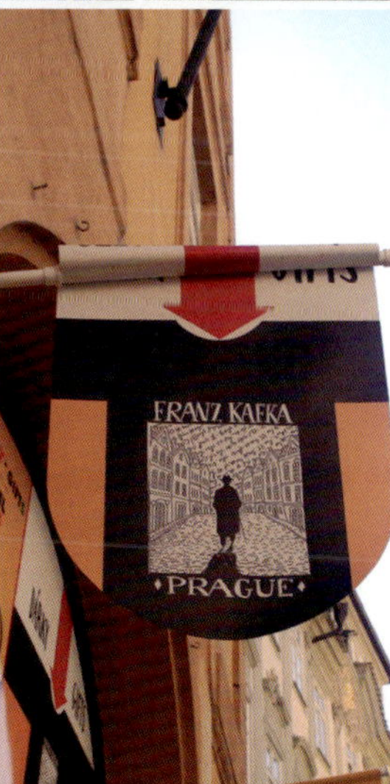

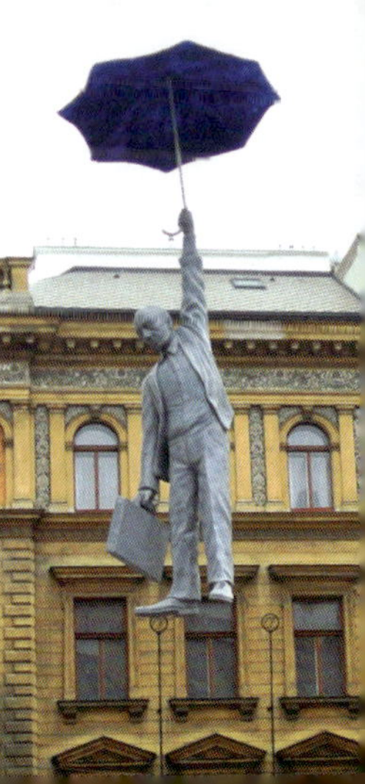

London
런던 _영국
189

Tower Bridge

타워 브리지

런던을 상징하는 건축물 중 하나는 템스 강 위에 서 있는 타워 브리지다.

1894년에 세워진 길이 260미터의 타워 브리지는 다리라고는 믿기지 않을 정도로 고딕 양식의 외관도 멋지지만, 19세기 영국에서 시작된 산업혁명 때 하루에 수백 척의 배들이 드나들던 대영제국의 전성기의 표상이기도 한 다리다.

대형 선박이 지나갈 때마다 개폐형으로 만들어진 다리 가운데가 분리되어 양쪽으로 서서히 들리기 시작해 90도 가까이 세워지는 광경은 1분 30초간 펼쳐지는 거대한 쇼로 모두가 보고 싶어 하는 장관을 연출한다.

탑 내부의 타워 브리지 전시관에는 다리의 역사와 기계와 설계도 및 당시의 증기 엔진을 전시하고 있다.

엘리베이터를 이용해 탑 위로 올라가 다리 위의 다리라고 할 수 있는 유리 통로에 서면 발 아래로 흘러가는 템스 강과 강 위에서 런던의 풍광을 바라볼 수 있어 인기가 많다.

웨스트민스터 다리와 빅벤, 그리고 런던 아이의 야경

웨스트민스터 다리에서 바라본 석양
타워 브리지와 군함 벨파스트가 보인다.

London City Hall

런던 시청사

타워 브리지가 보이는 템스 강변엔 지난 2002년 완공된 런던 시청사가 서 있다. 오토바이 헬멧, 유리 달걀 등으로 불릴 정도로 독특한 외관이 인상적인 시청사는 건축가 노먼 포스터가 엄지손가락을 형상화하여 설계한 에너지 절약형 친환경 건축물로 화제가 되기도 했다.

높이 45미터, 10층 규모의 이 최첨단 건물은 친환경 건축을 추구하여 지어졌는데, 내·외부 모두 철저하게 창을 통해 자연 환기가 이루어지도록 과학적으로 디자인되었다고 한다.

대영제국의 옛 영광이 가득한 템스 강가에 세워진 런던 시청사 건물은 실용성과 친환경을 접목한 런던의 현재이자 미래의 표상이라 할 수 있다.

The Shard
샤드

높이 310미터 72층 건물로 에펠탑보다 더 높고 유럽 연합 내에서 가장 높은 빌딩이다. 파리의 퐁피두 센터를 설계한 이탈리아 건축가 렌초 피아노가 설계한 것이다.

30st Mary Axe
30번가 메리액스빌딩

런던 시청사를 설계한 노먼 포스터의 작품으로 Swiss Re사 소유 건물이다. 원추형 건물 벽면 전체를 5500개의 유리로 투명하게 만들어 최대한 자연광이 건물로 들어올 수 있도록 설계했다.

런던 아이는 유럽에서 가장 크고 전 세계에서도 싱가포르의 플라이어 다음으로 큰 대관람차로 런던 시민뿐만 아니라 해마다 전 세계에서 350만 명 이상의 여행자들이 방문하는 런던의 대표적인 명소다.
1999년 말, 밀레니엄을 기념해 세워진 것으로 자전거 바퀴처럼 생긴 동그란 휠에 달린 캡슐을 타고 135미터 높이까지 올라가면 반경 40킬로미터에 이르는 런던의 전경을 볼 수 있는데 특히 노을이 물드는 해 질녘 풍광과 야경이 낭만적인 것으로 인기가 많으며 〈이프 온리〉를 비롯한 수많은 영화와 광고의 촬영지로도 유명하다.

London Eye
런던 아이

런던 탑은 영국 왕실의 역사가 고스란히 담겨 있는 곳으로 1078년 월
리엄 공이 세운 화이트 탑을 역대 왕들이 증축과 개축해서 14세기 무렵
현재의 형태를 갖추게 되었다. 탑이라기보다는 견고한 성과도 같은 곳
으로 런던을 대표하는 장소다.

Tower of London
런던 탑

반역자의 문은 처형을 앞둔 죄수들
의 배가 들어오던 문이다.

크라운 주얼스에는 빅토리아 여왕의 왕관을
비롯한 왕실의 보물이 전시되어 있다.

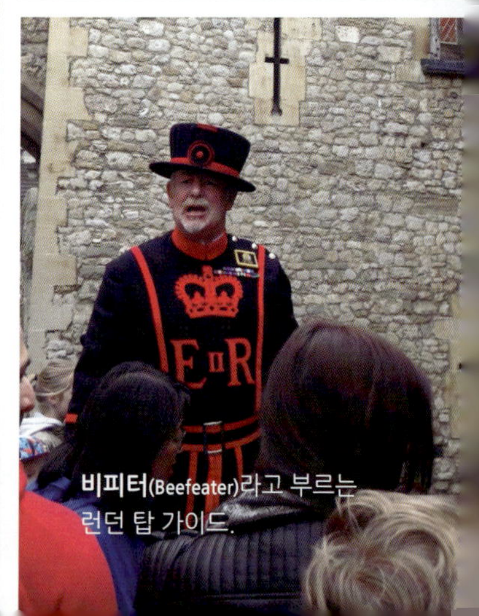

비피터(Beefeater)라고 부르는
런던 탑 가이드.

런던 탑은 왕실의 비극적인 역사를 간직하고 있는 아픔의 장소다.

열두 살의 나이에 국왕의 자리에 오른 에드워드 5세는 이곳에서 리처드 3세에 의해 죽임을 당했고, 헨리 8세의 두 번째 부인인 앤 불린도 이곳에서, 헨리 8세의 딸인 제인 그레이도 16세의 나이로 이곳에서 처형되었다.

런던 탑은 왕실의 성으로 지어졌지만 감옥, 처형장의 기능 외에도 무기고, 왕실 보물 저장고, 조폐국 등의 기능으로 다양하게 사용되어온 크고 작은 건물들이 모여 있는 복합적인 형태라 할 수 있다. 2,800여 개의 다이아몬드와 보석으로 장식된 빅토리아 여왕의 왕관과 세계에서 가장 큰 530캐럿의 다이아몬드를 비롯해 왕관, 의복 등 영국 왕실의 화려함을 엿볼 수 있는 크라운 주얼스, 세인트 존 예배낭, 왕사의 무기, 전무용 갑옷 등이 전시되어 있는 화이트 타워가 특히 유명한데, 앞서 말한 왕족들이 처형당한 블러디 타워와 타워 그린도 남아 있다.

House of Parliament

국회의사당

국회의사당과 빨간색 2층 버스를
볼 수 있는 웨스트민스터 다리.

빅벤 시계탑

영국 국회의사당은 원래 웨스트민스터 궁전Palace of Westminster 으로 사용되었다. 처음에는 작은 건물이었던 것을 중세 시대 왕들을 거쳐가면서 궁전으로의 면모를 갖추었다. 1834년 화재로 대부분의 건물이 불에 탔던 것을 1860년에 고딕 양식으로 재건축했다. 제2차 세계대전 당시 일부가 파괴되어 다시 복구한 후 지금의 모습으로 남게 되었다.

템스 강변에 웅장한 모습으로 자리한 국회의사당은 길이가 265미터에 이르고 방도 1,000개가 넘는 거대한 건축물이다.

건물의 남쪽엔 100미터 높이의 빅도리아 타워가 세워져 있고, 북쪽에는 런던의 상징이라고 할 수 있는 시계탑, 빅벤이 자리 잡고 있다. 빅벤은 약 13톤이 넘는 거대한 시계탑으로 15분마다 종이 울리는데 분침의 길이가 4미터가 넘는다.

최근 '엘리자베스 타워' 가 공식적인 이름이 되었지만 대부분의 사람들에게 '빅벤' 이라는 이름으로 더 익숙한 런던을 대표하는 랜드마크 중 하나다.

Westminster Abbey

웨스트민스터 사원

웨스트민스터 사원은 유네스코 세계 문화유산으로 등재된 고딕양식으로 화려하게 지은 영국 성공회 교회로 1066년부터 영국 국왕 40여 명의 대관식이 열린 곳이다.

특히 다이애나 비의 장례식과 윌리엄 왕자의 결혼식이 치러진 곳으로도 유명하다.

또한 이곳은 국왕을 비롯해 윈스턴 처칠, 윌리엄 셰익스피어, 찰스 다윈, 아이작 뉴턴 등 영국을 대표하는 위인들이 묻혀 있는 곳으로 현재도 국가의 주요 행사가 열리는 영국의 정신적 구심점이 되는 곳이다.

St.Paul's Cathedral
세인트 폴 대성당

1666년 런던 대화재로 전소된 다이애나 신전 자리에 세워진 바로크 양식의 성당으로 제2차 세계대전 당시 대공습 때에도 무너지지 않은 영국인의 불굴의 의지를 상징하는 건축물로 오랫동안 영국인든에게 사랑받고 있다.

돔에 올라가면 템스 강과 어우러진 런던 시내와 특히 밀레니엄 브리지와 테이트 모던 갤러리의 멋진 모습을 볼 수 있어 3만 원에 가까운 비싼 입장료를 기꺼이(?) 내는 사람들로 늘 북적인다.

Millennium Bridge
밀레니엄 브리지

2000년을 기리는 영국의 밀레니엄 프로젝트 중 하나로 만들어진 밀레니엄 브리지는 2000년 6월에 완공되었지만 다리가 흔들리는 문제로 보완을 거쳐 2002년에 다시 개통한 다리다.

현수교이지만 세인트 폴 대성당보다 높은 건물이 들어올 수 없는 건축법에 따라 기둥과 줄을 최대한 옆으로 눕혀 만들어 주변 경관을 헤치지 않았다고.

길이 325미터, 폭 4미터의 다리는 세인트 폴 대성당과 테이트 모던 미술관을 이어주다. 템스 강에 세워진 다리 중에 유일한 보행자 전용도로로 다리 위에선 거리의 악사들과 여러 예술가들을 만날 수 있다.

특히, 추잉검 맨으로 불리는 화가 벤 윌슨Ben Wilson이 껌딱지에 그린 400개가 넘는 그림이 유명하다.

만약 당신이 다리를 건널 때, 바닥에 엎드려 그림을 그리는 사람을 본다면 바로 이 화가일 것이다.

새로운 시대에 새로운 낭만을 꿈꾸는 다리가 바로 밀레니엄 브리지다.

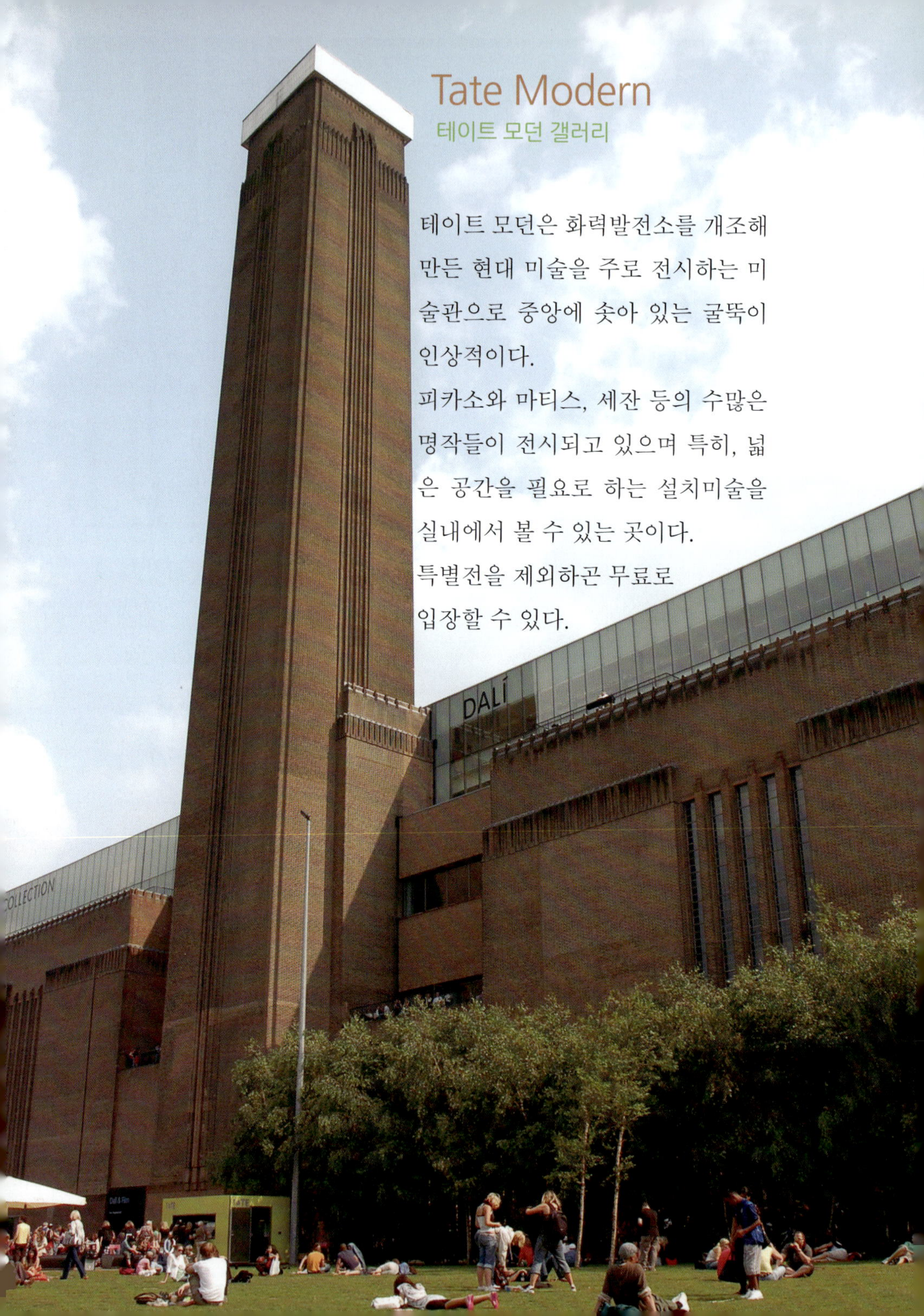

Tate Modern
테이트 모던 갤러리

테이트 모던은 화력발전소를 개조해 만든 현대 미술을 주로 전시하는 미술관으로 중앙에 솟아 있는 굴뚝이 인상적이다.
피카소와 마티스, 세잔 등의 수많은 명작들이 전시되고 있으며 특히, 넓은 공간을 필요로 하는 설치미술을 실내에서 볼 수 있는 곳이다.
특별전을 제외하곤 무료로 입장할 수 있다.

TATE MODERN COLLECTION
STREET & STUD

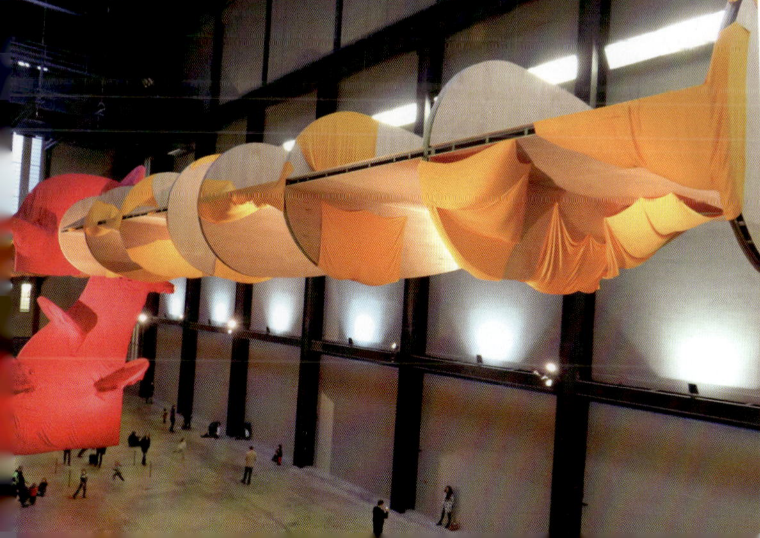

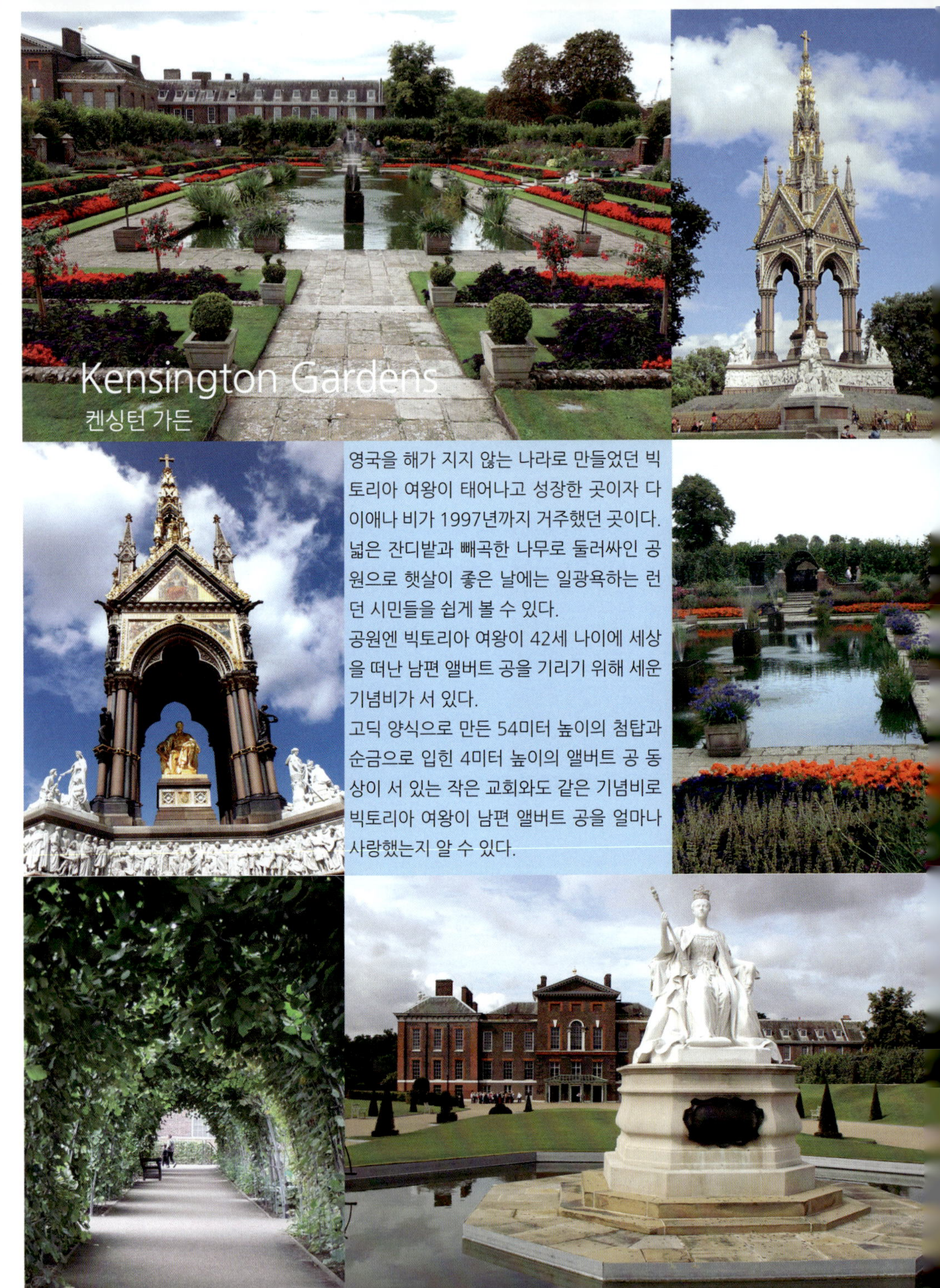

Kensington Gardens
켄싱턴 가든

영국을 해가 지지 않는 나라로 만들었던 빅토리아 여왕이 태어나고 성장한 곳이자 다이애나 비가 1997년까지 거주했던 곳이다. 넓은 잔디밭과 빼곡한 나무로 둘러싸인 공원으로 햇살이 좋은 날에는 일광욕하는 런던 시민들을 쉽게 볼 수 있다.

공원엔 빅토리아 여왕이 42세 나이에 세상을 떠난 남편 앨버트 공을 기리기 위해 세운 기념비가 서 있다.

고딕 양식으로 만든 54미터 높이의 첨탑과 순금으로 입힌 4미터 높이의 앨버트 공 동상이 서 있는 작은 교회와도 같은 기념비로 빅토리아 여왕이 남편 앨버트 공을 얼마나 사랑했는지 알 수 있다.

로열 앨버트 홀

로열 앨버트 홀은 빅토리아 여왕의 남편이었던 앨버트 공이 세상을 떠나자 이를 기리기 위해 만든 기념관이자 공연장이다. 1961년 건축이 시작되어 1871년에 완공되었다.

로마의 원형 경기장을 모델로 만들어진 홀은 빅토리아 시대의 건축을 대표하는 건물로 외벽의 붉은 벽돌이 인상적이다.

주로 클래식 공연을 하는 곳이지만 복싱 경기나 서커스, 자동차 전시회 등 다양한 용도로 사용되는 복합 문화 공간이라 할 수 있다.

특히 클래식을 좋아하는 사람들이라면 한 번쯤 들어봤음직한 BBC가 주관하는 영국 최대의 클래식 음악 축제인 프롬이 열리는 장소로 유명하다.

우리에게도 익숙한 에릭 클랩튼, 아델 등 유명 팝 가수의 공연도 볼 수 있는 곳으로 K-POP 콘서트가 열리기도 했다.

내셔널 갤러리는 1824년 개관한 미술관으로 트래펄가 광장에 있다. 주로 17세기와 18세기 화가인 카라바조, 렘브란트, 베르메르, 고흐, 세잔 등의 2,200여 점이 넘는 작품들을 시대순으로 전시하고 있다.

4개의 관람실(세인즈버리관, 북관, 동관, 서관)로 나뉘는데, 작품을 시대순으로 볼 수 있는 세인즈버리관-서관-북관-동관의 순서를 추천한다.

내셔널 갤러리의 입장료는 무료다.

늘 많은 사람들이 모이는 런던의 중심가에 위치하고 있는 트래펄가 광장. 1805년에 있었던 '트래펄가 해전'의 승리를 기념하기 위해 광장 이름을 '트래펄가'라고 지은 이곳은 누구나 와서 분수대 옆에 앉아 이야기를 나누고, 거리 예술가들의 특별한 공연을 보는 곳이다.

광장의 중앙에는 영국의 이순신이라고 할 수 있는 넬슨 제독 기념탑과 탑을 받치고 있는 네 마리의 사자상이 있다.

또한 이곳은 우리의 서울광장이나 광화문광장과도 같은 곳으로, 시위나 행사가 있을 때마다 시민들이 모이는 곳이기도 하다.

내셔널 갤러리의 대표적인 작품으론 세인즈버리관에는 우첼로의 〈산로마노의 전쟁〉, 보티첼리의 〈비너스와 마르스〉 등이 있으며, 서관엔 미켈란젤로의 〈그리스도의 매장〉 등이 있고, 북관에는 카라바조의 〈엠마오의 저녁식사〉, 요하네스 페르메이르의 〈버지널 앞에 앉아 있는 젊은 여인〉, 렘브란트의 〈34세의 자화상〉 등이 있다. 끝으로 동관엔 모네의 〈라 그르누이에르〉와 고흐의 〈해바라기〉 등이 전시되어 있다.

트래펄가 광장엔 두 개의 큰 분수대가 있다. 여름이면 사람들은 분수대로 뛰어들거나 수영복을 차려 입고 수영을 즐기기도 하며 아예 분수대 조형물 위로 올라가기도 한다.
오래전엔 분수대에서 물고기를 낚기까지 했다고도 하는, 광장의 의미인 '자유'를 누리는 부러운 모습이기도 하다.
벌써부터 분수대로 모여드는 런더너들이 보이는 듯하다.

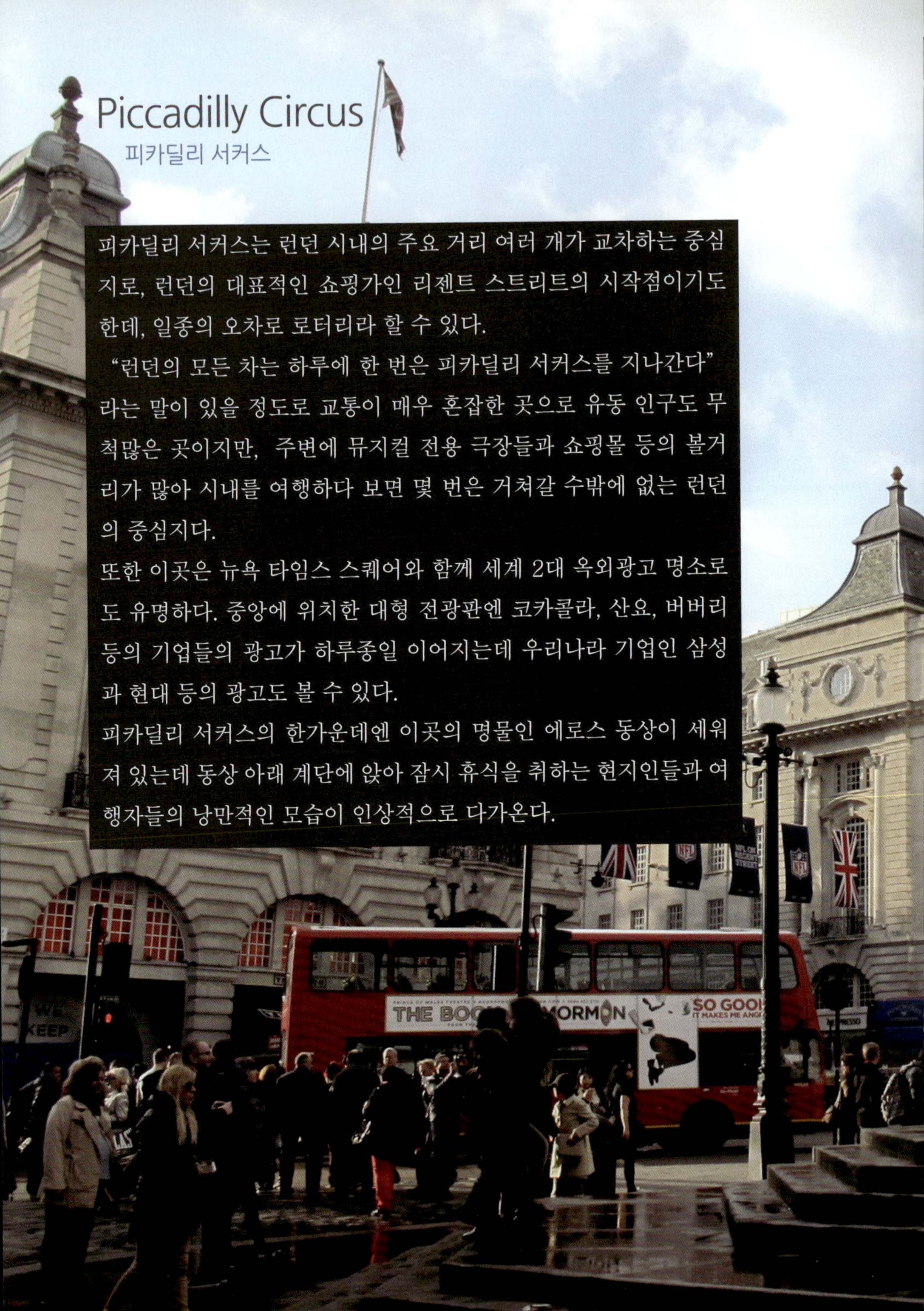

Piccadilly Circus
피카딜리 서커스

피카딜리 서커스는 런던 시내의 주요 거리 여러 개가 교차하는 중심지로, 런던의 대표적인 쇼핑가인 리젠트 스트리트의 시작점이기도 한데, 일종의 오차로 로터리라 할 수 있다.

"런던의 모든 차는 하루에 한 번은 피카딜리 서커스를 지나간다"라는 말이 있을 정도로 교통이 매우 혼잡한 곳으로 유동 인구도 무척 많은 곳이지만, 주변에 뮤지컬 전용 극장들과 쇼핑몰 등의 볼거리가 많아 시내를 여행하다 보면 몇 번은 거쳐갈 수밖에 없는 런던의 중심지다.

또한 이곳은 뉴욕 타임스 스퀘어와 함께 세계 2대 옥외광고 명소로도 유명하다. 중앙에 위치한 대형 전광판엔 코카콜라, 산요, 버버리 등의 기업들의 광고가 하루종일 이어지는데 우리나라 기업인 삼성과 현대 등의 광고도 볼 수 있다.

피카딜리 서커스의 한가운데엔 이곳의 명물인 에로스 동상이 세워져 있는데 동상 아래 계단에 앉아 잠시 휴식을 취하는 현지인들과 여행자들의 낭만적인 모습이 인상적으로 다가온다.

런던에서 가장 오래된 공원인 세인트 제임스 파크는 16세기에 사냥을 좋아했던 헨리 8세가 사슴 사냥을 하던 곳이었는데, 후에 찰스 2세가 프랑스식으로 개조했던 것을 1828년 조지 5세가 다시 영국식 정원으로 꾸며 현재에 이르고 있다.

공원 중앙에 있는 호수 주변엔 펠리칸을 비롯한 다양한 야생 조류가 서식하고 있으며 다른 런던의 공원들과 마찬가지로 시민들의 휴식처로 애용되는데 특히 경치가 가장 좋은 공원으로 알려져 있다.

하이드 파크는 조성된 지 400년이 된 공원이다. 아름드리 고목들이 숲을 채우고 있고 공원의 중앙에는 커다란 인공 호수까지 있는, 위치와 접근성, 규모에서 런던 최고의 공원으로 자리매김하고 있다.

호수에서 수영과 보트를 탈 수 있으며 공원 산책로를 따라 자전거 도로와 조깅 코스, 승마 공간 등이 마련되어 있어 다양한 활동이 가능한 자연친화적인 공간으로 시민들에게 인기가 많다.

British Museum
대영박물관

대영박물관은 파리의 루브르, 뉴욕의 메트로폴리탄과 함께 세계 3대 박물관으로 꼽힌다. 영국 최대 규모로 700만 점의 소장품이 있다.

조각 작품과 민속품, 그리고 고대 유물을 중심으로 한 이집트, 그리스, 로마, 메소포타미아 등 전 세계의 진귀한 유물을 볼 수 있는 곳이다.

3세기의 조각 작품

고대 이집트, 테베의 고분 벽화

시계 전시실

네레이드제전(산투스 신전)

이스터 섬 모아이 석상

이집트관의 미이라

파르테논 신전 부조

고대 그리스 문명의 조각품들을
모아놓은 파르테논 신전관

렐리의 비너스

처음엔 버킹엄 공작의 저택이었던 곳을 1761년에 국가가 사들여서
궁전으로 사용하는 곳이다. 현재 엘리자베스 2세 여왕이 살고 있다.
매일 오전에 궁전 앞에서 열리는 근위병 교대식을 보기 위해 수많은
인파가 몰려드는 곳으로 최소 1시간 전에는 도착해야 잘 보이는 자
리를 잡을 수 있을 정도로 런던의 유명한 볼거리다.
궁전 내 박물관The Queen's Gallery과 황실 마구간The Royal Mews은 연중 관람
이 가능하지만, 궁전 집무실은 여름에만 한시적으로 개관한다.

Camden Market
캠든 마켓

런던 북쪽 캠든타운에 위치한 캠든 마켓은 캠든 록, 스테이블스 마
켓, 커널 마켓 등 세 개의 시장이 함께 모여 형성된 곳으로 런던에
서 가장 큰 마켓이다.
캠든 마켓은 벽에 용이나 해골 등을 붙여 놓은 독특한 간판, 고풍스
러운 건물과 조금은 난해한 장식들, 그리고 골목 가득 빼곡하게 들
어선 작은 가게의 개성이 넘치는 물건들까지, 재미있는 구경거리가
가득한 곳이다.

haka Zulu
taurant | Bar | Club
20m
vw.shaka-zulu.com
203 376 9911
WEL
COME
TO
CAMDEN
EUNIE

QUARTER
QUARTER
CHAOS
DARK SIDE
243
020 7284 1742
247
LET BY

Camden Market

RETAIL
PREMISES
TO LET
EAST
YARD
LOCK

CYBERDOG

캠든 마켓은 펑크족이 시작된 곳으로 알려져 있다. 거리를 걷다 보면 독특한 패션을 한 펑크족과 기이하게 차려입은 고스goth족 등을 심심찮게 만날 수 있다.

이어져 있는 스테이블스 마켓은 가히 길거리 음식의 천국이라 할 수 있을 정도로 인도 카레부터 터키 케밥, 일식, 중식, 스페인 요리, 이탈리아 요리 등 세계 각국의 요리를 맛볼 수 있다.

햇살 좋은 날, 호숫가에 앉아 개성 넘치는 사람들을 보는 것만으로도 절로 마음이 유쾌해지는 곳이다.

Portobello Market
포토벨로 마켓

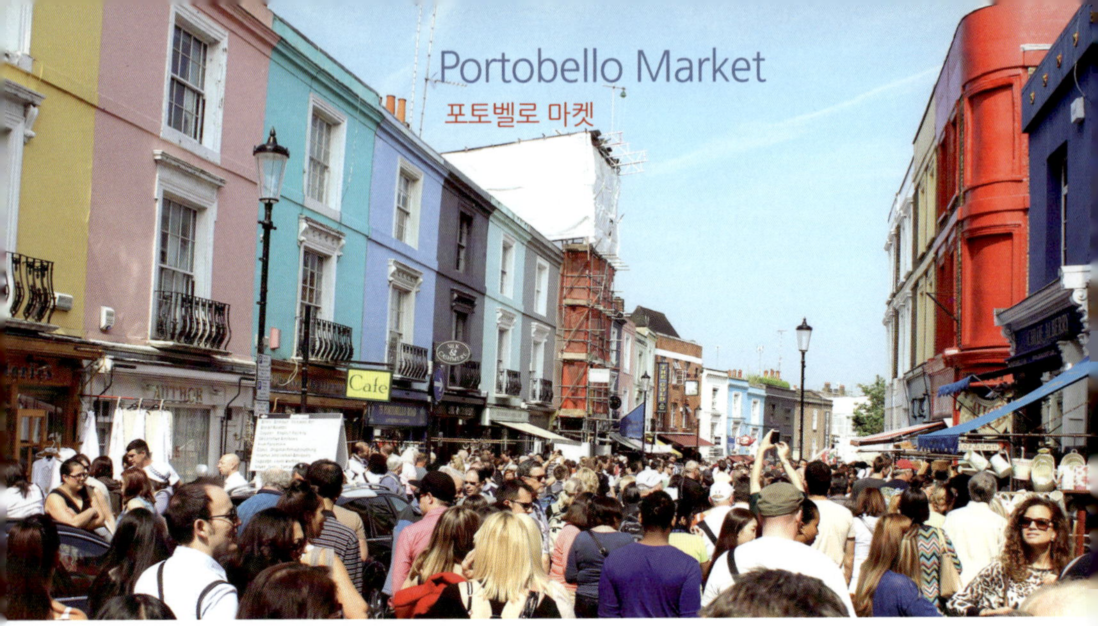

영화 〈노팅힐〉로 더욱 유명해진 포토벨로 마켓은 노팅힐에 위치한 마켓으로 파스텔 톤의 건물들이 늘어선 길에는 여러 보세 상점과 빈티지 상점들이 즐비하다. 저렴한 가격에 간단한 기념품이나 액세서리가 많아 토요일만 되면 사람들로 붐빈다.
빈티지 가죽 가방과 의류 등이 인기가 많으며 쇼핑과 먹거리 그리고 거리 공연까지, 한 번에 모두 누릴 수 있는 곳이다.

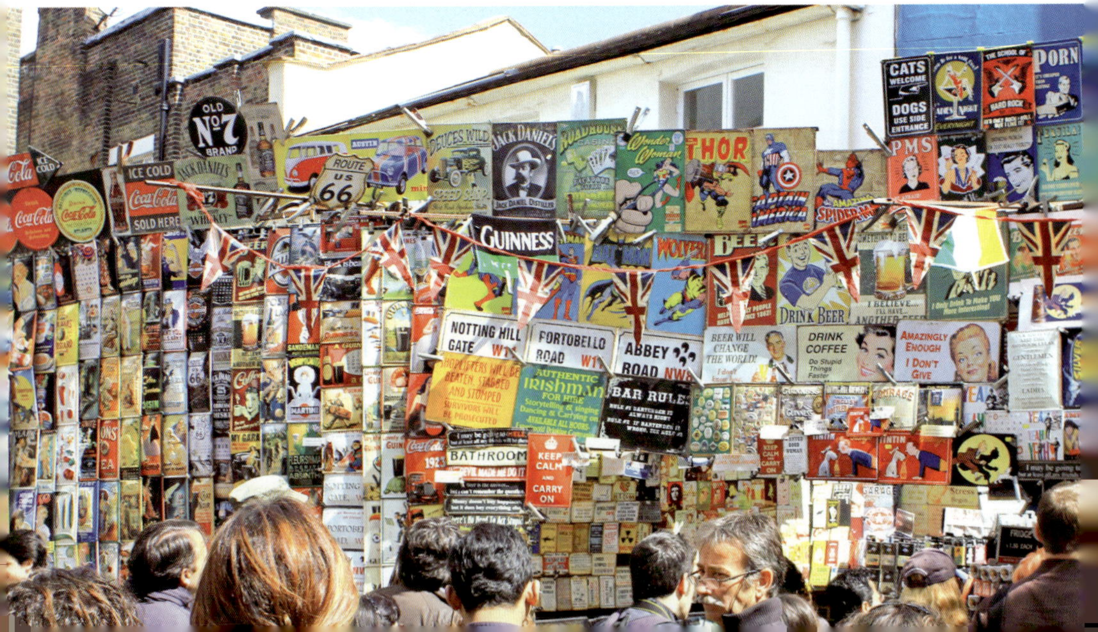

PORTOBELLO
LONDON

PORTOBELLO
MARKET

영국 국립 초상화 미술관

영국을 빛낸 역사적 인물들과 유명 인사들의 초상화를 전시하고 있는 미술관으로 내셔널 갤러리 뒤에 위치하고 있다.

코번트 가든

클래식 연주와 춤 등의 무료 거리 공연을 즐길 수 있는 곳으로 애플 마켓과 주빌리 마켓, 이스트 콜로나드 마켓이 들어서 있다.

1911년에 에드워드 7세가 어머니인 빅토리아 여왕을 위해 건설한 건축물로 가운데 닫혀 있는 문으로는 여왕만이 다닐 수 있다고 한다.

비틀즈 음악의 90퍼센트를 녹음한 곳이다. 특히 '애비 로드' 앨범이 제작된 곳으로 유명하다. 앨범 재킷 사진에 나온 횡단보도는 필수 인증샷 장소다.

셰익스피어 글로브 극장

17세기 셰익스피어 작품을 공연했던 극장을 재현한 고풍스러운 목조 건물로 원형 좌석으로 아래를 내려다볼 수 있도록 만들었다.

셜록 홈스 박물관

아서 코넌 도일의 추리소설 셜록 홈스 시리즈의 주인공인 셜록 홈스의 집을 재현해놓은 곳으로 셜록 홈스의 팬이라면 반드시!

독특한 양식의 건물과 개성 있는 컬렉션으로 유명한 갤러리다.

초콜릿뿐만 아니라 캐릭터 장난감, 인형, 옷 등 아이들의 천국이다.

존 소앤 박물관

런던 m&m 월드

익숙하게 삶을 살아가는 공간을 떠
나 다른 풍경 속에서 다른 삶을 살아
가는 사람들을 보는 것만으로도 우
리는 위로를 받고, 도전을 받고, 힐
링을 얻을 수 있다.
동유럽의 도시들이 평화롭고 고즈
넉하고 오래됨이 주는 편안한 힐링
을 준다면, 영국은 거대하면서도 고
풍스러움이 느껴지는, 끝없이 펼쳐
진 잔디밭과 오래된 나무 사이 흙길
을 걸어가는 것 같은 위안을 주는 도
시다.

The Original Tour
London Sightseeing

THAMES BARRIER
XTENSION
el
THAMES PATH
Blackwall Point
Greenwich Foot Tunnel
Tower Bridge
Source of Thames

Barcelona
바르셀로나 스페인
241

Parc Güell
구엘 공원

예술적 정열을 간직한 도시 바르셀로나에서 지중해의 붉은 태양보다도 더 열정적인 삶을 살다 간 건축가 안토니오 가우디.
1878년 파리 만국박람회장에서 가우디가 출품한 진열장의 독특한 디자인에 반한 구엘 백작의 후원으로 가우디는 구엘 공원을 만든다. 처음엔 상류층 사람들을 위한 주택 단지로 계획되었다가 무산되자 입주민들을 위해 만든 공원은 원형을 보존하는 조건으로 시에 기증되어 1922년 일반 시민에게 개방되었다.
해발 150미터가 넘는 곳에 자리 잡은 이 공원에 서면 멀리 지중해가 품고 있는 바르셀로나의 전경이 한눈에 보인다. 시민들과 이방인들이 어우러져 공원에서 맘껏 휴식하는 곳이다.

가우디는 모든 건축물의 모티브를 자연에서 찾고 자연 그대로의 모습을 담으려는 건축 철학을 가지고 있었다. 가우디의 천재적 재능과 독특한 건축 미학을 흠뻑 느낄 수 있는 구엘 공원 역시 자연을 모티브로 하고 있다.

구불구불한 것이 뱀을 닮은 타일 조각으로 장식한 벤치는 실제로 사람을 앉혀 놓고 최대한 편하게 만들었다고 한다. 화려한 모자이크 타일만큼이나 아름답고 따뜻한 건축가의 마음을 차가운 벤치에서도 느낄 수 있다.

색색의 도자기, 타일의 모자이크가 박혀 있는 하얀 뱀이 움직이는 듯한 이 환상적인 벤치에 앉아 있으면 사람들의 마음도 뱀을 따라 천천히 움직이게 된다.

가우디의 건축에 대한 열정이 여전히 꿈틀대는 곳이 구엘 공원이다.

메트로 3호선을 타고 발카르카 역에서 내려 걸어가다 보면 언덕을 올라가는 에스컬레이터가 나온다. 꽤 높아 보이는 언덕까지 몇 번을 갈아타며 올라가면 서쪽 방향으로 구엘 공원이 보인다.

언덕길을 따라 올라가며 아기자기한 가게들두 볼 수 있는데 마치 작은 산을 등산하듯이, 오가는 사람들과 가벼운 인사도 나눈다.

정상 돌 십자가 아래에서는 또 다른 바르셀로나의 전경을 내려다 볼 수 있다.

가우디의 작품은 자연의 동물과 식물의 모습을 담고 있다.
무지갯빛 타일 옷을 입은 카멜레온 같은 도마뱀과 불 대신 물을 내뿜는
용 모양의 분수대를 만들었다.
가우디는 늘 주변에서 듣고 보고 느낀 것들에 자연의 색을 입혀서 자신
의 작품 속에 옮겨놓았다.
마음껏 상상하고 자유롭게 표현한 것들로 인해 사람들은 즐겁다.

가우디는 공원을 만들면서 가능한 한 주변 자연환경을 해치지 않으려고 했다.

언덕의 경사에 맞춰 기둥을 세우고 다리를 만들었다.

다리는 터를 닦을 때 나온 돌과 흙을 최대한 활용해 만들었다. 돌멩이로 둘러싸여 있는 기둥들 또한 특별하다. 기둥 안을 흙으로 채워 다리 위에서 자라던 식물들이 기둥 속으로도 뿌리를 내리며 살아갈 수 있게 만든 것이다. 기둥 안의 식물과 흙은 서로를 지탱하며 공존한다.

자연과 공존하며 조화를 이루는 건축, 구엘 공원은 가우디가 추구한 공존과 조화의 원리를 이곳을 찾은 시민들과 여행자가 발산하는 자유롭고 편안한 모습을 통해 보여주고 있다.

누구나 그렇겠지만 나 역시도 이 건물을 보며 그림 형제의 동화인 《헨젤과 그레텔》을 떠올렸다.

숲속에서 길을 잃은 헨젤과 그레텔이 발견한 빵과 사탕, 그리고 과자로 만들어진 집.

마치 동화 속에서 아이들이 발견한 집과 같은 이 건물은 실제로 가우디가 동화 속 과자의 집을 모티브로 만든 것이라고 한다.

막대 과자에 초콜릿을 찍은 듯한 뾰족탑 지붕을 보니 절로 웃음이 지어졌다.

예쁜 문이 열리면 아이들이 고개를 내밀며 반가운 손짓을 할 것만 같다.

가우디는 구엘 공원을 그리스 아테네의 신전 같은 거대한 신전으로 만들고자 했다.

광장의 아래층 격인 콜로네이드 홀이라고도 불리는 이곳은 광장의 반을 떠받치고 있는 86개의 도리스식 기둥으로 만들었는데 그리스와 로마 신화를 좋아했던 구엘의 특별한 요청으로 만들었다. 천장에 매달린 태양과 별 모양의 아름다운 타일은 봄, 여름, 가을, 겨울을 상징한다.

마치 나무 숲 같은 기둥은 시선에 맞춰 거리를 계산해 기둥단의 높이를 먼저 디자인한 것으로 높이가 다르게 보이지만, 실제론 모두 같다고 한다.

이곳엔 가우디만의 독창적인 비밀이 한 가지 더 있는데, 곡선의 천장과 천장의 화려한 타일 조각, 광장으로 이어지는 통로의 경사진 모양은 가우디의 독창성을 다시 한 번 보여준다. 기둥은 위로 갈수록 가늘어지면서 속이 비어 있다. 기둥 속에는 하수관이 있어서 비가 오면 광장의 물이 기둥을 타고 흘러내려 저장되었다가 도마뱀 모양의 분수를 통해 분출되도록 설계되어 있는 것이다.

자연의 현상까지도 가장 자연스러운 방법으로 다시 돌려보내려는 가우디의 숨은 노력이 있었기에 인공적인 공원임에도 자연을 닮은 공원이 만들어질 수 있었다. 오늘도 이곳엔 자연을 바라보며 꿈과 사랑을 나누는 사람들이 모여든다.

Casa Batlló
카사 바트요

바르셀로나에서 가장 번화한 거리 중 하나인 그라시아. 길 한편에 해골 모양을 한 발코니가 있는, 날개를 핀 박쥐 같은 창을 볼 수 있는 건물이 있다.

그뿐만이 아니다. 지붕은 깊은 바닷속을 헤엄치는 푸른 물고기의 비늘과 용의 등줄기를 닮았고, 건물 벽면에 촘촘히 박혀 햇살에 반짝이는 초록색과 노란색, 푸른색의 작은 유리 조각들은 마치 지중해의 파도에 떠다니는 해초와 작은 조개처럼 보인다.

색상을 완벽하게 조화시킨 가우디의 작품인 카사 바트요(바트요저택)다.

처음엔 평범한 중산층을 위해 만들었던 이 주택은 1904년 가우디에 의해 확장되고 변형되어 혁신적인 건물로 새롭게 태어났다.

스페인의 근대 건축 양식이 총 집결한 이곳 그라시아 거리의 건물 가운데에서도 가장 눈에 띈다.

볼 때마다 새로운 상상력을 불러일으키는 가우디이기에 가능한, 지중해 사람들의 타고난 정서를 가장 잘 표현한 건물이다.

마치 빨려 들어갈 것만 같은 천장의 등,
곡선의 창을 따라 자연스럽게 퍼지는 빛,
얼음 계단을 옮겨 놓은 듯한 하얀 계단,
바닷물이 스며든 것 같은 푸른 타일의 벽과 복도,

1층부터 옥상까지, 구석구석 지언을 옮겨놓은,
전혀 예상할 수 없고 상상할 수 없는 공간과 장식들이
끊임없이 이어지는 마법의 집 같은 곳.

사람의 뼈를 닮았다 해서, 생명이 살아 숨 쉬는 유기체 같다 해서 '인체의 집' 이라는 의미로 카사 델스 오소스^{Casa dels ossos}라고도 불리는 카사 바트요.

가우디는 타일을 좋아했다. 처음엔 타일에 직접 그림을 그려 넣다가 타일을 깨뜨려 보기도 하고, 여러 가지 색을 섞어 만드는 등 다양한 방법으로 타일을 사용했다.

카사 바트요의 타일 벽은 빛이 들어오는 위치에 따라 색이 다르게 보이도록 설계했으며 높이에 따라 채도를 달리해서 타일을 붙였다.

마치 동화 속 유령의 집을 연상시키는 가우디의 건축물이다.

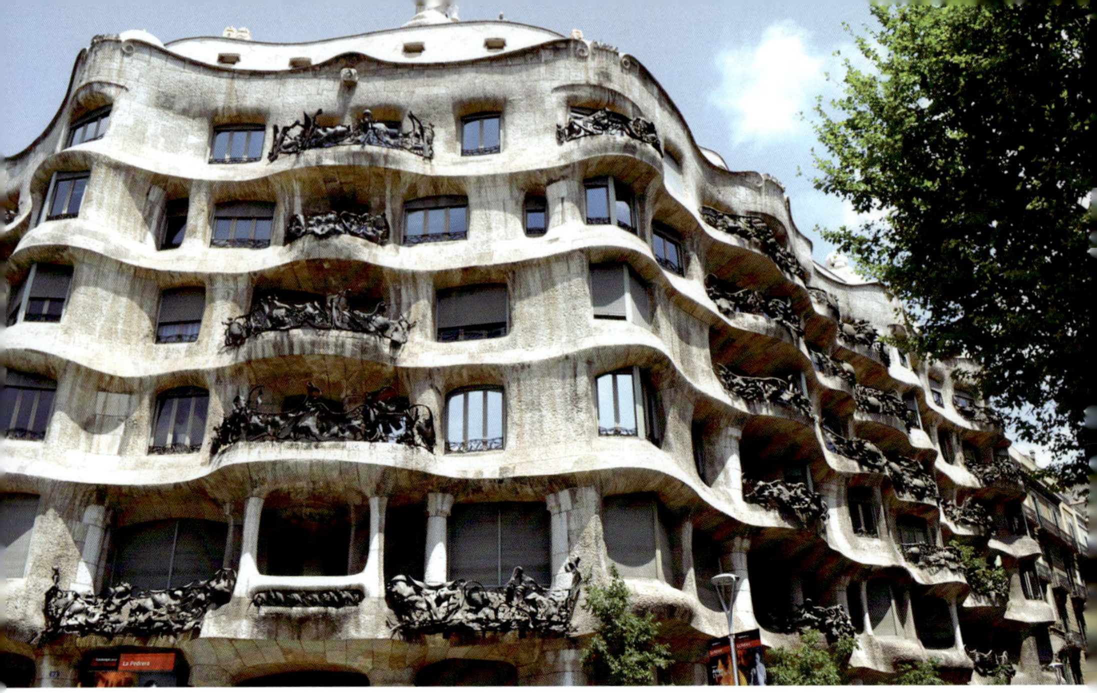

카사 밀라의 옥상은 영화에 나오는 투구를 쓴 로마 병정 같기도 하고, 독특한 개성을 가진 어느 조각가의 작품을 전시한 조각공원 같기도 하다. 사람들은 이곳에 서서 바르셀로나의 전경을 보기도 하고 계단길에 앉아 휴식을 취하기도 한다. 풀 한 포기 없지만 이곳은 공원 이상의 편안함과 여유를 제공하고 있다.

도심의 빌딩 숲 가운데 이런 공간이 있다는 것이 얼마나 큰 즐거움인지 모른다.

Casa Milá
카사 밀라

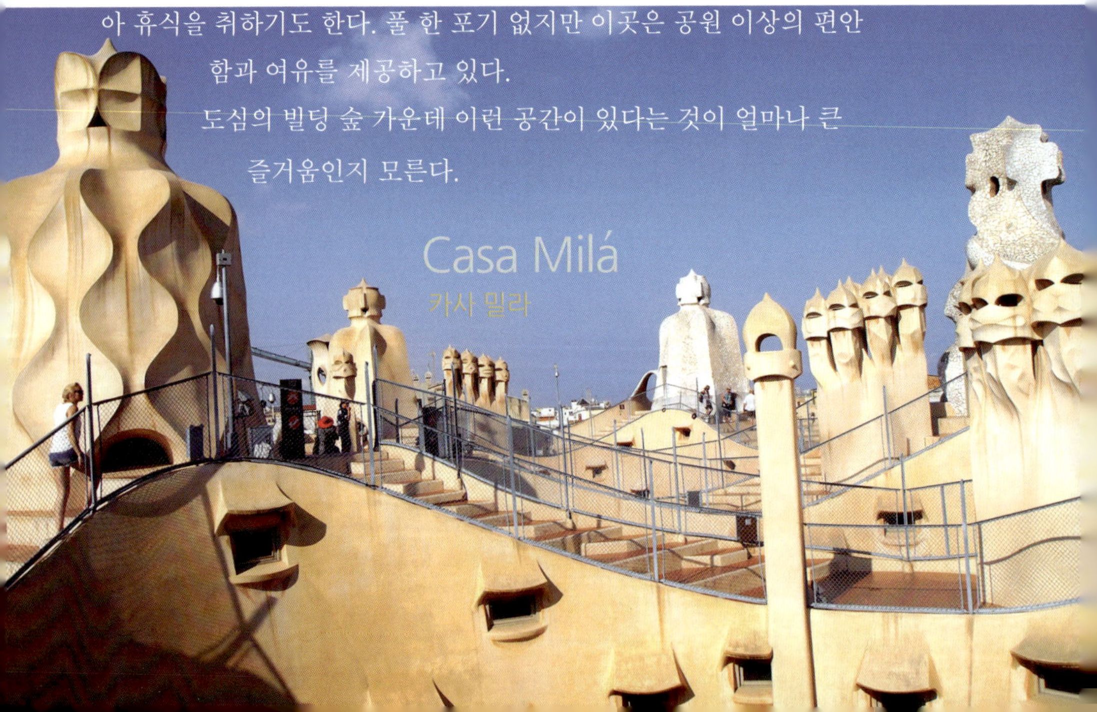

근처에 지어진 카사 바트요가 화려한 색체를 자랑하는 바다의 이미지라면 이곳 카사 밀라는 단단하지만 부드러운 바위산을 떠올리게 하는 건물이다.

카사 밀라보다는 채석장이란 뜻의 라 페드레라 La Pedrera 라고 많은 사람이 부르듯이 이곳은 놀랍게도 돌로 지은 건물이다. 채광과 환기를 중요시하고, 모든 것을 완만한 곡선으로 만들어 일관성을 보여준다.

오직 가우디이기에 가능한 건축 구조상의 비법들로 가득한 도시 한가운데 솟아 있는 바위산 하나.

가우디의 인생에서 만난 사람들 중 가장 중요한 의미를 갖고 있는 인물이자 막강한 후원자인 구엘 백작을 위해 지은 건물이 구엘 저택이다. 마굿간으로 사용했던 지하는 나선형 계단과 벽돌 기둥으로 안정적으로 만들었고, 메인 홀인 2층은 구엘 궁전이라 불릴 정도로 어느 왕궁 못지않게 화려하게 꾸며놓았다.

옥상에는 갖가지 색깔의 예쁜 타일 옷을 입은 굴뚝이 있다.

가우디가 타일 공장을 운영하는 돈 마누엘 비센스의 부탁을 받고 1878
년부터 약 10년 동안 지은 개인 저택으로 아라비아 스타일의 개성이 강
한 건물이다. 거리에 만발한 꽃에서 영감을 받아 디자인했다.

정원에는 종려나무 문양이 새겨진 분수대가 있으며 대문에는 종려나무
와 나뭇잎을 형상화한 문양이 새겨져 있다. 오색 타일로 장식되어 있는
독특한 건물로 현재 개인의 거주 공간이다.

공사는 아직도 진행 중이다.

한 도시를 재창조한 건축가 가우디의 열정이 100년이 지난 오늘도 이어지고 있다.

건물을 짓기 시작한 건축가는 이제 이 세상에 없지만 그의 건물은 살아 움직이고 있다.

120여 년 전 한 건축가가 지어 올리기 시작한 건물은 도시 바르셀로나의 한 가운데에 우뚝 서서 도시를 상징하고 도시의 가장 큰 의미를 세상에 알리고 있다.

누구도 예상하지 못했으며, 누구도 기대하지 않았고, 누구도 상상할 수 없었던 건물은 아직도 지어지고 있다.

Sagrada Família
사그라다 파밀리아 성당

"언제 이 성당의 완성된 모습을 볼 수 있습니까?"

"이 성당 건축의 의뢰인은 하나님이신데 그분은 무척 가난하십니다.
하지만 그분은 영생하는 분이시니 바쁜 분이 아닙니다. 쉬엄쉬엄 지어
도 큰 문제는 없지요."

이 세기의 걸작은 2026년 완공을 목표로 오늘도 조금씩, 천천히
지어지고 있다.

"모든 것은 자연이 써놓은 위대한 책을 공부하는 데서 태어난다.
인간이 만들어내는 작품은 모두 이 위대한 책에 쓰여 있다."

_ 안토니오 가우디

성당의 외벽들은 예수의 탄생과 죽음, 그리고 부활이라는 세 가지 주제로 나뉘어 조각이 되어 있는데 동쪽에는 탄생의 파사드Nativity facade, 남쪽엔 영광의 파사드Glory facade, 그리고 서쪽엔 수난의 파사드Passion facade가 있다.

각 파사드마다 믿음, 소망, 사랑을 의미하는 세 개의 문이 있으며, 그 위에는 두 개씩 짝을 이룬 네 개의 탑을 세웠다. 완성이 되면 모두 열두 개의 탑이 세워지는데 이것은 예수의 열두 제자를 상징한다. 탄생의 파사드는 가우디가 생전에 유일하게 대부분을 완성시킨 것으로 아기 예수의 탄생에서부터 유년 시절까지가 조각되어 있으며 예수를 둘러싸고 수많은 인물들이 등장하는데 가우디는 이를 통해 기쁨과 슬픔, 선과 악 등 삶을 묘사하며 사람들이 이곳에서 자신들의 삶을 비춰보고 선하게 살기를 원했다.

놀라운 것은 이 조각상의 인물들은 주변 사람들과 여러 곳에서 찾은 사람들을 모델로 만들었다는 것이다.

현재 동쪽 탄생의 파사드와 서쪽 수난의 파사드가 완성되었다.

성당의 서쪽 벽 수난의 파사드는 탄생의 파사드와 비교된다.

탄생의 파사드가 사실적이고 섬세한 곡선의 조각이라면 수난의 파사드는 다소 파격적이고 직선적이다.

수난의 파사드는 가우디가 세상을 떠난 지 30여 년이 지난 1954년 조각가 호세 마리아 수비라치 Josep Maria Subirachs에 의해 완성되었다. 수비라치는 당대 위대한 건축가였던 가우디를 이어서 조각을 한다는 영광스러운 부담을 안고 오랫동안 가우디의 작품들을 연구하고 공부했다고 한다. 그리고 얼마 후 수비라치는 가우디의 건축 이념을 따르면서도 자신만의 스타일로 수난의 파사드를 완성시켰다.

가우디의 전통적이고 사실적인 묘사에서 벗어나 단순하면서도 추상적인 현대적인 이미지를 조각 작품에 담아낸 것이다. 최후의 만찬을 나누는 장면도, 십자가에 매달려 있는 예수의 장면도 모두 이전에는 보지 못했던 모습이다.

처음 시작부터가 파격적인 이 성당은 파격이 계속되며 독창적인 상상력을 꽃피우고 있다.

LUC
MARIA
MAGI
BAR
BARA
BLAI
B
PER
LU
CIA
CRIS
TOFOR
ABDO
SENEN
FRANCESC
GIL
SAN

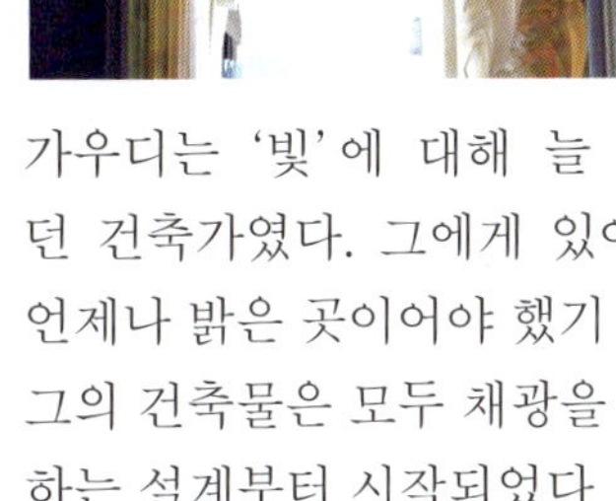

가우디는 '빛'에 대해 늘 고민하던 건축가였다. 그에게 있어 집은 언제나 밝은 곳이어야 했기 때문에 그의 건축물은 모두 채광을 극대화하는 설계부터 시작되었다.

사방을 대리석으로 하여 최대한 밝게 만들고 창을 많이 만들었다. 높은 천장에선 여러 색깔의 빛이 서로 부딪치며 천연 조명을 만들어내 실내를 밝게 했다.

성당의 기둥들은 처음엔 하나로 올라가다가 천장 가까이 가면 여러 갈래로 갈라진다.

그리고 하늘 높이 뻗은 나뭇가지 같은 기둥 사이로 은은한 빛이 들어와 성당 안 곳곳을 빠짐없이 비춰준다.

사그라다 파밀리아는 조금씩 조금씩 세상에서 가장 편안한 숲으로 변해가고 있는 중이다.

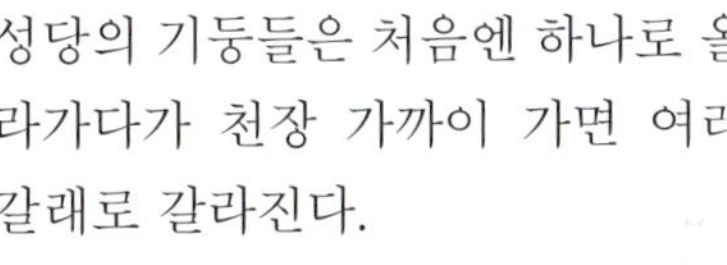

Plaza de Cataluña

카탈루냐 광장

카탈루냐 광장은 도심의 중심이 되는 곳으로 교통의 요지이며 모든 여행자들이 모이는 공원 같은 곳이다. 이 광장에서부터 바르셀로나 여행이 시작된다.

광장의 남동쪽으로 유명한 람블라스 거리와 이어져 항구로 연결되며 광장의 남서쪽으로는 몬주익 언덕이, 광장의 북쪽은 가우디의 건축물인 카사 빌라와 카사 비트요, 그리고 사그라다 파밀리아 등으로 연결되는 도로가 나 있다.

시내의 한복판에 사방이 뻥 뚫린 잔디가 있고 분수대가 있는 공원 같은 광장이다. 수없이 많은 지동차들이 공원을 돌아 끝없이 지나치는 분주한 곳이지만 공원 안에 들어서면 편안함을 느낀다.

늘 활기가 넘치는 복잡한 도심 한가운데에서 자유롭게 휴식하고 있는 모습을 보고만 있어도 저절로 쉼을 얻는 곳이 이곳이다.

Las Ramblas
람블라스 거리
HELLO!

람블라스 거리는 이른 아침부터 늦은 새벽까지 늘 관광객들로 붐빈다. 이곳은 유럽에서 가장 많은 거리의 예술가들이 개성이 가득 넘치는 독특한 동상의 모습을 하고 이 거리를 찾아온 사람들에게 큰 즐거움을 준다.

이들은 모두 바르셀로나 시로부터 공식적인 허가를 받은 사람들로, 주 수입원은 함께 사진을 찍어주며 받는 동전 몇 닢이다.

람블라스 거리의 바닥에는 호안 미로의 작품도 숨어 있다. 하얀 바탕에 파란색, 빨간색, 노란색 원 모양을 하고 있어 그 길을 걷다 보면 부지불식간에 미로의 작품을 밟고 있는 자신을 발견하게 될지도 모른다.

바르셀로나에서 가장 인기 있는 거리인 람블라스 거리는 북쪽의 카탈루냐 광장에서부터 지중해 바로 앞 콜럼버스 기념탑까지 1.3킬로미터에 이른다.

냇물이라는 뜻을 갖고 있는 라 람블라La Rambla는 다섯 개의 거리로 이루어져 있어 라스 람블라스Las Ramblas라고도 부르는데 19세기경에 현재와 같은 산책로가 있는 대로로 바뀌었다.

스페인의 시인이자 극작가인 페데리코 가르시아 로르카는 이 거리를 '영원히 끝나지 않기를 바라는 길'이라고 표현하며 좋아했다고도 알려진다. 거리 길 양옆으로 플라타너스 나무가 길을 따라 이어져 있으며 주변엔 꽃집이나 액세서리 가게, 엽서와 기념품을 파는 가게와 카페들이 여행자를 기다린다. 유럽에서 가장 분주한 거리 중 하나인 이곳은, 현지인이나 이방인들 모두 걷는 것만으로도 행복을 새삼 되새겨준다.

Marcat de la Boqueria
보케리아 시장

지구상의 모든 식재료가 모여 있다고 할 정도로 큰 재래시장이 람블라스 거리 중간쯤에 위치하고 있다.

산 호셉 시장이라고도 부르는 보케리아 시장은 바르셀로나에서 가장 큰 규모를 자랑하는 전통시장으로 시장의 기원은 무려 800여 년 전으로 거슬러 올라간다.

14세기엔 성당 및 성직자들의 거처로 사용되었던 곳을 시장으로 사용한 이곳엔 육류와 해산물, 그리고 견과류에서부터 간식거리인 젤리와 초콜릿까지 정말이지 없는 것이 없다.

무엇보다도 가장 유명한 과일 코너는 다양한 열대와 지중해 과일들을 매우 저렴한 가격으로 살 수 있어 인기가 많다. 또한 이곳에선 과일보다 더 과일 같은 주스의 명성이 자자하다.

이제는 꼭 들러보아야 할 바르셀로나의 명물이 된 보케리아 시장은 현지인들과 여행자들로 언제나 생기가 넘친다. 싱싱한 형형색색의 과일들처럼.

70'00
P.V.P.
COCO
152.00
149,00
93.50
EVAS
50
FRESON
DULCES
1.4
AGUA
BUENISIMAS
Kilo
1.99

람블라스 거리 동쪽에 위치한 레이알 광장은 19세기 중엽에 지은 네오 클래식 양식의 집들에 둘러싸여 있는 광장으로 가우디의 첫 작품인 가로등으로 유명하다.
사각형의 광장 주변에 포르티코 건물이 둘러서 있고 종려나무가 시원스레 뻗어 있어 이국적인 분위기가 느껴진다.

레이알 광장

스페인 제2의 도시인 바르셀로나에
는 콜럼버스가 아메리카 대륙을 발
견하고 돌아온 아름다운 항구 '포
트 벨'이 있다.

500년 전, 이곳을 출발해 아메리카
신대륙을 발견한 그를 바르셀로나
는 기억하고 있다.

동쪽으로 지중해와 접해 있는 포트
벨에는 이를 기념해 콜럼버스 동상
이 우뚝 서 있는데 람블라스 거리를
따라 이곳까지 걸어온 전 세계의 여
행자들로 언제나 북적거린다.

Port Vell
포트 벨

포트 벨은 콜럼버스가 아메리카 대륙을 발견한 뒤 돌아온 항구로, 늘 수 많은 요트가 정박되어 있으며 주변에 해안 공원과 거대한 쇼핑몰, 아쿠 아리움 등이 자리하고 있다.

이곳엔 바다를 즐기기 위한 현지인들과 여행자들로 언제나 가득하다.

14세기 이후에 건설된 고딕 건축물들의 모습을 그대로 간직하고 있는 곳, 고딕 지구. 마치 중세에서 시계가 멈춰선 듯 좁은 골목엔 오래된 집들이 늘어서 있다.

피카소는 1895년부터 1904년까지 이곳에 거주하며 작품 활동에 몰두했고, 호안미로도 이곳에서 태어나 거주했던 곳이라 알려져 있다. 고풍스러운 낡은 벽에 걸린 가로등 아래 골목을 따라 걷다 보면 현실적이지 않은 느낌을 받는다.

골목이 끝나는 곳엔 산 하우메 광장같은 크고 작은 광장들이 나타난다. 14세기에 지어진 바르셀로나 시청사와 15세기 건물인 카탈루냐 자치정부청사가 위치하고 있는 곳이라서인지 각종 집회와 시위가 자주 열리는 곳이다.

바르셀로나의 최대 축제인 '산 메르세' 기간에는 그 유명한 '인간 탑 쌓기'를 볼 수 있으며 주말 저녁에는 카탈루냐의 전통춤인 '사르다나'를 추는 사람들을 구경할 수도 있다.

현대적인 도시의 한가운데에서 만나는 중세의 모습들에서 각각 따로라는 느낌보다는 '조화'라는 단어가 더 다가왔다.

고딕 지구의 랜드마크이자 중세 바르셀로나의 영광을 상징하는 곳으로 1298년에 착공해 150년이라는 시간을 거쳐 로마네스크 양식의 고딕 건축물로 완성된 바르셀로나 대성당은 바르셀로나 시민들의 정신적인 안식처와도 같은 곳이다.

내부의 화려한 스테인드글라스 장식과 제단 등을 볼 수 있으며 하늘로 치솟은 세 개의 첨탑 아래 노바 광장이 있다. 이곳은 시장과 전통 공연, 갖가지 문화 행사가 자주 열리는 곳으로 여행자의 발길이 끊이지 않는 곳이다.

ANY SANT DE LA MISERICORDIA
PORTA SANTA

성당 앞 건축가 회관 건물엔 1964년 피카소가 그렸다는 벽화 '사르다나를 추는 사람들'을 볼 수 있는데, 사르다나Sardana는 카탈루냐 지방의 민속 무용으로 우리의 강강술래처럼 손을 잡고 돌면서 간단한 동작을 하는 춤이다. 주말이면 현지인과 이방인들이 어울려 즐거운 전통을 나눈다.

어제의 영광은 오늘 '새로운 광장'이라는 뜻의 노바 광장에서 이 시대를 살아가는 젊은이들이 이어받아 지켜가고 있다.

Plaça del Rei
왕의 광장

스페인 대항해 시대의 찬란했던 역사를 느낄 수 있는 왕의 광장은 마치
성벽 같은 고딕 양식의 건물로 둘러싸여 있다.
신대륙을 향한 첫 항해를 마치고 돌아온 콜럼버스가 이 작은 광장 한편
에 있는 계단 아래에서 이사벨 여왕을 알현한 역사적인 장소로 유명한
이곳은 훌륭한 야외 음악당 같다.
막혀 있는 건물들로 자연스러운 울림이 생기는데, 그런 이유로 여름이
면 이곳에서 음악회를 비롯해 크고 작은 공연이 자주 열린다.

피카소 미술관Museu Picasso은 아퀼라르 궁이었던 것을 바르셀로나 시에서 1963년에 피카소 미술관 본관으로 정해 개관했다.
고딕 양식의 건물로 안뜰과 발코니는 대리석 계단으로 이어져 있으며 세 개의 건물을 연결해 전시상으로 사용하고 있는데 젊은 아티스트의 천재성은 영구 소장된 3,800여 점의 작품을 통해 세상에 드러난다

Plaça de Sant Jaume

산 하우메 광장

산 하우메 광장은 14세기에 지어진 바르셀로나 시청사가 위치한 광장으로 주말 저녁이면 카탈루냐 전통 춤인 사르다나를 추는 많은 사람들을 구경할 수 있는 곳이기도 하다.

매년 9월 24일 전후로 열리는 축제 라 메르세 La Merce 의 중심지로 대표적인 행사인 코레폭스라고 불리는 불꽃과 폭죽 놀이와 인간 탑 쌓기, 거인들의 행렬 등을 볼 수 있다.

행사는 커다란 머리를 가진 인형 등이 람블라스 거리의 비레이네 궁전에서 시작해 산 하우메 광장까지 행진하는 것으로 시작된다.

코레폭스는 라 메르세 축제에서 가장 인기 있고 유명한 행사로, 악마 분장을 하고 괴수 인형을 데리고 있는 참가자들이 불꽃과 폭죽을 터뜨리며 뛰어다니는 행사다.

모든 행사들의 절정은 9월 24일 정오에 산 하우메 광장에서 펼쳐지는 인간 탑 쌓기로 수천 명이 광장을 가득 메운 가운데, 카탈루냐 전역에서 초청된 참가 팀들이 더 높은 탑 쌓기를 겨루는데 어린아이부터 노인까지 전 세대가 뭉쳐서 하나의 탑을 쌓는 모습은 감동을 준다. 바르셀로나의 열정과 화려함을 동시에 느낄 수 있는 것이 바로 라 메르세 축제다.

플라멩코 춤을 본 적이 있는가?
욕망과 열정이라는 단어로도 표현하기 부족한 뜨거움이 넘쳐나
는 춤이다. 붉은 조명 아래에서 원색의 옷을 입은 여인의 움직임
은 깊이 감춰두었던 욕망을 끌어낸다.
녹슬어버린 것 같은 구성지고 억센 중년 여성의 노래와 경쾌한
기타줄의 울림, 둔탁한 듯 맑게 울려퍼지는 구둣소리.
여인의 화려하고 바람같이 움직이는 치맛자락에 빠져 시간가는
줄 모른다. 모든 시선과 생각은 집시의 한을 춤추고 노래한다는
플라멩코의 치명적인 매력에 빠진다.

NTA
ALLO

Tibidabo

티비다보

바르셀로나가 한눈에 내려다보이는 516미터 높이의 티비다보 산에 있는 이 놀이공원은 1901년 10월 29일 문을 연 유럽에서 두 번째로 오래된 놀이공원으로 회전목마와 무지갯빛 관람차 등의 놀이기구를 탈 수 있다.

공원 바로 뒤에는 1962년에 완성된 예수의 거룩한 심장이라는 뜻의 사그랏 코르 성당이 자리하고 있는데, 성당 내부에는 십자가에 매달리신 예수의 조각상과 예수의 고난을 조각한 벽의 부조가 있다.

무엇보다도 이곳은 바르셀로나 최고의 전경을 볼 수 있는 곳으로 인기가 많다.

Fundació Joan Miró

미로 미술관

바르셀로나의 시내가 한눈에 내려다보이는 몬주익 언덕에는 동심을 간직한 예술가 호안 미로의 미술관이 자리 잡고 있다. 이 미술관은 미로의 친구인 건축가 호세 루이스 셀트의 설계로 1975년에 문을 열었다. 이곳에서는 미로가 직접 기증한 그림 300점과 함께 데생과 판화, 도기, 오브제 등을 전시하고 있는데 아이의 그림처럼 단순하고 미소 짓게 하는 호안 미로의 작품들을 보는 것은 꽤 유쾌하다.

시민들이 가장 사랑하는 바르셀로네타 해변은 예전엔 공장들이 들어서 있는 황폐한 곳이었다.

19세기부터 시작된 도시 계획을 통해 고운 모래를 퍼다가 누구나 즐길 수 있는 모래사장을 만들었고, 공장 지대가 사라진 자리엔 독특한 건축물들이 들어섰다.

바르셀로네타 해변은 모래사장에 누워 얼굴을 간지럽히는 지중해의 바람을 맞으며 시시각각 변하는 맑은 하늘을 바라보며 자유를 맘껏 누리길 원하는 사람들의 발길이 끊이지 않는 곳이다.

Museu Nacional d'Art de Catalunya
카탈루냐 국립 미술관

바르셀로나에서 국립 미술관은 찾기 어렵지 않다. 바르셀로나에서 이렇게 웅장한 건물은 그리 흔치 않으니까.

카탈루냐 미술관은 1934년 개관한 카탈루냐 지방의 미술품을 주로 전시하고 있는 곳으로 로마네스크 미술, 특히 피레네 산맥과 카탈루냐 각 지방 성당의 벽화들은 세계적으로 유명하다.

우리에게도 친근한 바르셀로나 태생으로 모더니즘의 대표화가인 라몬 카사스의 〈2인용 자전거를 탄 라몬 카사스와 페레 로메우〉와 호안 미로의 작품도 볼 수 있다.

미술관 정문 앞 발코니에 서면 에스파냐 광장과 그 뒤로 시원하게 펼쳐진 시내를 조망할 수 있는 곳이 있다.

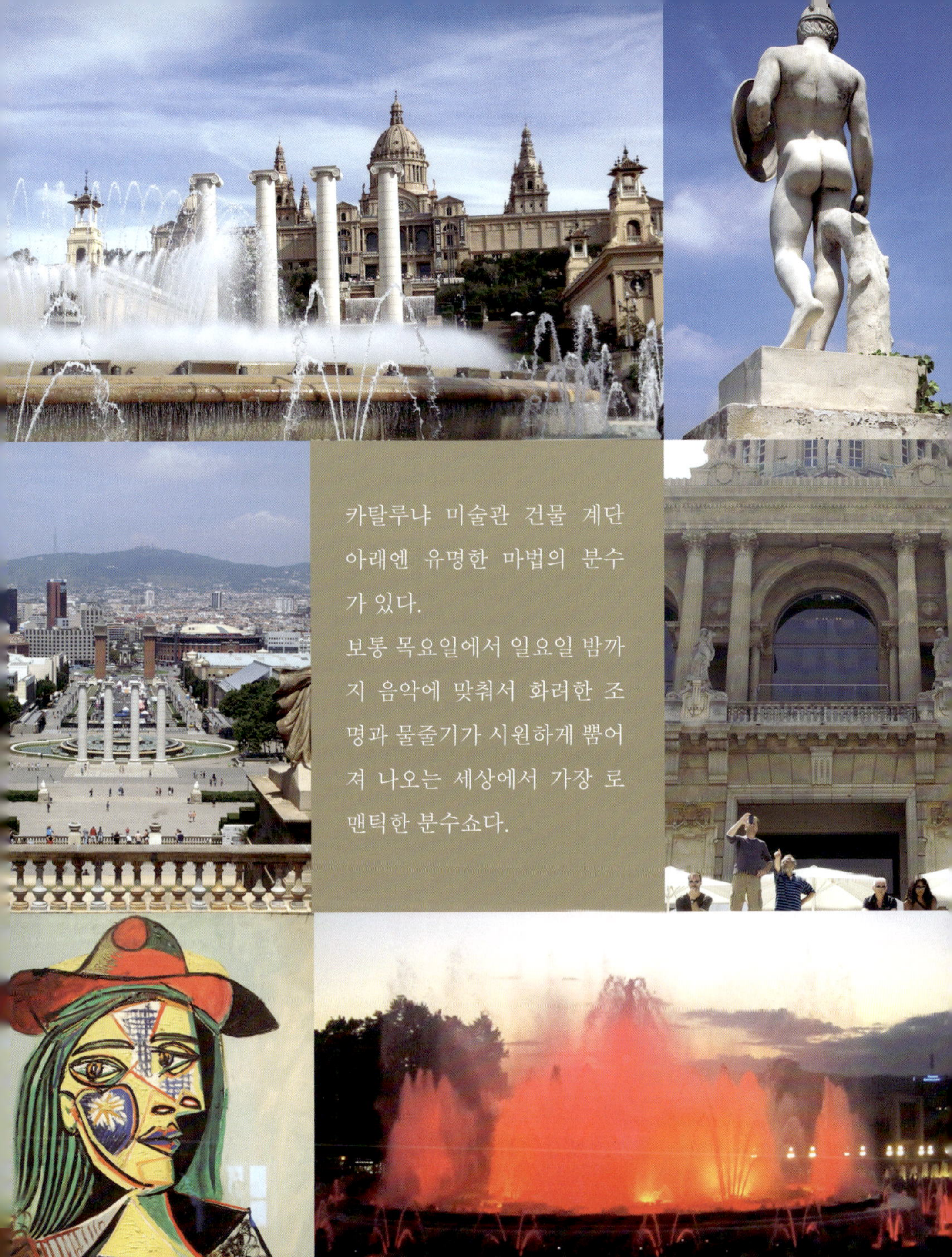
카탈루냐 미술관 건물 계단
아래엔 유명한 마법의 분수
가 있다.
보통 목요일에서 일요일 밤까
지 음악에 맞춰서 화려한 조
명과 물줄기가 시원하게 뿜어
져 나오는 세상에서 가장 로
맨틱한 분수쇼다.

MontJuic
몬주익

몬주익 언덕은 1992년 바르셀로나 올림픽을 계기로 우리에게 익숙해
진 곳으로 산을 뜻하는 몬Mont과 유대인을 가리키는 주익Juic이라는 말의
합성어로 ‘유대인들의 산’ 이란 의미를 가지고 있다.
몬주익에는 정상에 위치한 몬주익 성과 올림픽 경기장, 공원과 박물관,
미술관, 민속촌 등 시민들이 보고 즐길 수 있는 여러 가지 문화 시설과
유적들이 자리 잡고 있으며 바르셀로나 시민들의 영원한 휴식 장소로
사랑받고 있다.

옛 몬주익 성에 만든 박물관으로 대포와 군복 등 전시에 사용했던 장비들을 전시하고 있다.
무엇보다도 바르셀로나 시가지와 아름다운 지중해의 전경을 볼 수 있는 곳으로 인기가 많다.

고도 213미터의 몬주익 언덕에서 케이블카를 타고 내려다보는 바르셀로나 전경도 손꼽히는 풍경이다. 천천히 움직이는 케이블카의 창밖으로 보이는 지중해와 거대한 선박이 늘어선 항구의 모습과 시내 전경이 아름답다.

시우타데야 공원
황금색 장식의 분수, 산책로와 호수, 동물원 등이 있다.

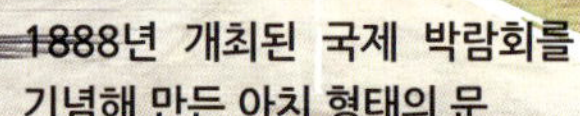

1888년 개최된 국제 박람회를
기념해 만든 아치 형태의 문

카탈루냐 주정부 청사와 주지사
집무실을 연결해주는 구름다리

카탈루냐 음악당

아그바 타워

바르셀로나는 모든 것을 가지고 있는 도시다.
시원한 바다가 있으며, 오를 만한 언덕이 있으며, 열정적인 사람들이 있다.

언제나 '그곳' 보다는 '그 사람' 이 더 오래 남는 여행의 숨은 매력을 맘껏 누릴 수 있는 곳, 바르셀로나.

바르셀로나라는 이름을 들을 때마다
떠오르는,
가슴 깊이 새겨진 풍경 하나…….

Santorini

산토리니 _그리스

산토리니는 그리스 키클라데스 제도 최남단의 섬이다.

그리스 본토와는 약 200킬로미터 정도 떨어져 있는데 아테네 공항에서 비행기로 약 40분 정도의 시간이 걸리며, 페리를 이용하면 일곱 시간 조금 넘게 걸린다.

비행기가 빠르고 편한 장점은 있지만 조금은 지루하더라도 섬에 도착할 때 갑판 위에서 바라보는 섬의 풍광을 보기 위해 일부러 배를 타는 경우도 많다.

만약 시간만 맞는다면 밤에 출발하는 페리를 타면 좋다. 에게 해 위에서 맞는 해돋이 광경은 평생 잊지 못할 감동을 주기에 충분하니까 말이다.

산토리니 여행의 포인트는 섬의 중심지라 할 수 있는 피라 마을과 이아 마을을 보는 것이다. 대부분의 숙박과 볼거리들이 이 두 마을에 모여 있을 뿐 아니라 산토리니 여행의 하일라이트라 할 수 있는 에게 해의 환상적인 노을이 가장 아름다운 마을이기 때문이다.

산토리니의 마을들은 모두 바닷가 절벽 위에 위치하고 있다.

멀리서 보면 다닥다닥 붙어 늘어서 있는 것 같은 집들은 그 자체로도 아름다운 풍경을 보여준다.

크레타 문명과 그리스 문명의 발상지인 에게 해. 그리고 작은 수많은 섬들이 솟아 있는 이곳에서도 산토리니는 보석같이 빛나는, 지구촌 여행자들이 꿈꾸는 특별한 섬이다.

에게 해를 품은 섬 산토리니.
좁고 구불구불하게 이어진 길을 따라 섬을 돌아본다.
세계 곳곳에서 모인 사람들이 오가다가 눈을 마주치며, 같은 것을
보고 환호성을 지르며, 같은 것을 보고 기분 좋게 웃는 곳.
일상에서 볼 수 없었던 풍광을 바라보고 행복해하는 것.
이것이 진정한 여행의 즐거움이다

Oia

이아 마을

산토리니 섬의 북서쪽에 위치한 이아 마을은 19세기 후반에서 20세기 초반 무역선들의 정박지로 발전했던 마을이다. 현지인들의 집이나 호텔과 식당으로 사용하고 있는 집들은 당시 선원의 가족들이 거주했던 집이라고 한다.

푸른 지붕과 하얀 벽. 이아 마을은 우리가 알고 있는 산토리니의 대표적인 풍경을 가지고 있는 마을로 알록달록한 칠을 한 집들이 계곡 위 언덕에 빼곡하게 들어서 있는 동화 같은 마을이다.

하지만 아름답게 유지하는 것도 쉽지는 않다. 산토리니 절벽에 위치한 집과 호텔, 상점들은 페인트 칠을 깨끗하게 유지하지 않으면 벌금을 낸다고 한다.

절벽 쪽에 위치한 가게들은 매일 아침이면 페인트칠을 하면서 시작한다고 해도 과언이 아닐 정도로 관리를 하고 있는데, 어찌됐든 그 덕분에 여행자들은 깨끗하고 예쁜 집들을 볼 수 있어 눈이 즐겁다.

하루 종일 이아 마을의 매력에 흠뻑 빠져 있던 사람들은 해 질 녘이 되면 절벽에 위치한 테라스가 있는 식당이나 카페로 모여들기 시작한다. 몇 군데 일몰 포인트가 있는데 그곳은 이미 사람들로 가득해서 미처 자리를 잡지 못한 사람들은 길가에 서서 아름답기로 유명한 환상적인 노을을 기다린다.

드디어 해가 지평선 위로 맞닿기 시작하고 이아 마을은 붉은 노을빛으로 물든다. 이아 마을의 일몰이 유명한 이유는 하얀 집들이 붉은 노을빛을 그대로 반사하기 때문이라고 한다. 그 감동과 아름다운 풍경을 오래도록 남기기 위해 많은 사람들이 이곳을 찾는다.

아침에 일어나 창문을 열면 에게 해가 눈앞에 펼쳐지는
세상에서 가장 아름다운 아침을 맞는 꿈같은 일이 현실이 되는 곳,
이아 마을.
이곳을 표현하는 단 한 가지 기호, 쉼표.

생각보다 푸른 지붕이 많지 않은 이곳에서 푸른색을 볼 수 있는 곳은 교회다. 건축 제한이 있지만 교회는 예외인 데다가 세금 혜택을 받을 수도 있기에 건물만 지어놓고 생활하는, 이른바 가짜 교회가 많다는 재미있는 이야기 하나.

여행자들의 발길이 끊이지 않는 칼데라 광장에 있는 파네지아 교
회는 이아의 대표적인 그리스 정교회로 교회 내부 벽면엔 예수의
생애를 그린 성화가 있고 돔 안쪽에는 예수와 성인들을 그린 화려
한 프레스코화가 있다.

AMMOUDI

"죽기 전에 에게 해를 여행하는 행운을 누리는 사람은 복이 있다."
니코스 카잔차키스의 소설 《그리스인 조르바》 에 적혀 있는 글이다.
산토리니의 모든 것이 축복이다. 그중에 단연 최고는 석양이다.
주위의 모든 곳이 태양으로 붉게 물들어갈 때 태양은 조용히 바다로 잠
든다. 평생 잊지 못할 행운이다.

Antiquarian
Greek History & Culture
English Books
Ελληνικά Βιβλία
Deutsche Bücher
Livres Francais
Libri Italiani
Libros Españoles
中文图书
etc...
PHILOSOPHY
SANTORIN
FICCIÓN
MARCEL PROUST
In Search of Lost Time
PARAVION PRESS
James Joyce
Ulysses
POETRY
UNDER THE VOLCANO
2666

이아 마을엔 단 하나뿐인 유명한 서점이 있다.
아틀란티스 서점이 그곳이다.
2002년 봄, 영국의 두 청년이 산토리니 섬으로
여행을 왔다가 섬에 서점이 한 군데도 없다는
것을 발견하고는 2004년 봄 친구들과 함께 이
곳에 서점을 열었다. 아틀란티스 서점은 아주
오래된 책들, 특히 초판 고전책을 많이 소장한
것으로 알려져 있다.

《어린 왕자》의 1943년 초판본을 비롯해 《그리스인 조르바》,
《노인과 바다》 등의 초판본 책들이 150~200만 원이라는 가격표
를 붙이고 주인을 기다리고 있다.

아틀란티스 서점엔 이런 값비싼 고전 초판들 이외에도 책방 주인이
추천하는 책들도 많다. 추천하는 책에는 추천 이유를 빼놓지 않는
친절함과 세심함도 잊지 않았다.

대충 손으로 뚝딱거려 만든 듯 곧 넘어갈 것 같은 책장엔 고서와 신
간들이 빽빽하게 꽂혀 있고 소설, 에세이, 철학, 역사 등 책의 분류
도 잘 정돈되어 있는데 한국어 책도 몇 권 볼 수 있다.

작지만 감동이 가득한 세월의 향기를 누릴 수 있는 곳,
이 아름다운 섬 곳곳의 소소한 행복을 놓치지 않고 만날 수 있음이
얼마나 다행이고 감사한지.

Fira
피라 마을

산토리니 섬 중앙에 위치한 피라는 1810년 붉은 칼데라 절벽 위에 하얀 집들이 지어지면서 세워진 마을로 약 2,000명 정도의 주민이 살고 있다.

피라 마을은 섬 곳곳으로 가는 버스들이 모여 있는 곳으로 산토리니 여행의 출발점이 되는 곳이다. 카페, 바, 클럽 등 다양한 즐길거리가 가득한 산토리니 여행의 중심지다.

칼데라 절벽을 따라 길게 이어진 피라를 여행하는 방법은 간단하다. 끝없이 이어진 골목길을 따라 오르내리며 걸어가는 것이다.

걷다가 발견한 에게 해를 향해 놓여 있는 카페 의자에 앉아 노을을 바라보는 것만으로도 행복을 떠올리는 곳이 이곳이다.

말을 섞거나 인사를 하지 않아도, 골목 하나를 돌면 또 마주치는 누군가는 그저 반가운 얼굴이 되어버린다.

저기 어디쯤 골목이 꺾이는 곳에서 또 누군가를 만날까 가슴이 쿵쿵거리는 피라 여행.

Porto Fira
Suites
SCIROCCO
reception

초승달을 닮은 섬, 산토리니는 화산이 만든 섬이다. 깎아지른 듯한 절벽 위에 마을이 있고 그 앞으로 눈이 시릴 만큼 푸른 에게 해가 펼쳐져 있다.

누가 만들었는지 모르지만, 그리스 국기는 이곳에서 만든 것이 분명한 것 같다. 섬 전체가 흰색과 푸른색으로 가득하니 말이다. 피라 골목엔 푸른색 가득한 즐거움이 있다. 피라 여행은 푸른 추억을 만드는 일이다.

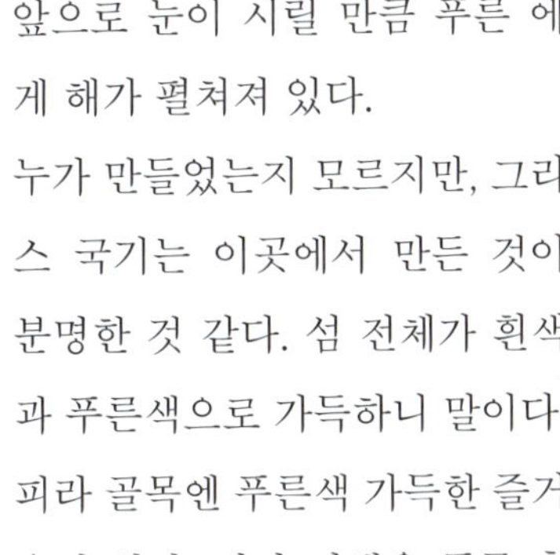

산토리니 섬을 대표하는 이미지 중 하나는 동키라고 부르는 당나귀다.
예전엔 주요 교통 수단이었지만 케이블카가 설치되고 다른 이동기구가
많아지면서 구항구 주변의 동키 역을 중심으로 추억 만들기를 원하는
관광객들을 태우고 다니는 관광상품이 되었다.
최근엔 배설물과 냄새 문제 등으로 그마저도 찾는 사람이 줄고 있다.
오히려 앙증맞은 병에 당나귀가 그려져 있는 동키 맥주에 인기를 빼앗
기고 있다고 한다.

hotel
VILLA
RENOS

Budapest
부다페스트 _헝가리
341

부다페스트는 유명한 도나우 강을 기준으로 부다와 페스트로 나뉘어진 큰 도시다.

부다페스트를 찾아온 사람들은 대부분 부다페스트의 '과거'를 간직한 부다 지역으로 첫걸음을 옮긴다.

도나우 강과 페스트 지역이 한눈에 내려다보이는 부다 지역의 강 쪽 언덕 위에 서 있는 어부의 요새는 부다페스트에서 전망이 가장 좋은 곳으로, 특히 야경을 보기에 좋다.

헝가리 건국 1,000년 기념으로 마차시 성당을 설계한 슐레크에 의해 1896년에 착공해 1902년에 완공된 이곳은 유네스코 세계 문화유산으로도 지정된 곳이다.

처음 나라가 세워질 때 연합한 일곱 개 마자르 부족을 상징하는 일곱 개의 고깔 모양의 탑으로도 유명한 어부의 요새는 부다페스트 시민들의 휴식처이자 문화 공간이면서 여행자들에게는 아름다운 전망을 보면서 이곳에서만 느낄 수 있는 특별한 감동을 전해주는 멋진 공간이다. 도나우 강이 내려다보이는 로마네스크와 고딕 양식이 혼재된 독특한 회랑 아래에 위치한 이곳 카페에서 스트루델(헝가리 전통 빵으로 얇은 밀가루 반죽 안에 말린 과일이나 견과류 등을 넣고 둘둘 말아 오븐에서 구워낸 것)과 함께 마시는 커피 한 잔의 여유가 나에게도 당신에게도 필요한 순간이다.

Halászbáztya
어부의 요새

어부의 요새와 마차시 성당 사이 광장의 한가운데엔 왕관을 쓰고 십자가를 들고 있는 헝가리 초대 국왕인 성 이슈트반 1세의 청동 기마상이 대리석 위에 자리 잡고 있다. 그리고 기마상 아래엔 언제나 세계 여러 나라에서 이곳을 찾아온 여행자들과 또 그들을 기다리고 있는 군밤 장수, 독수리를 손에 얹고 묘기를 보여주는 마치 중세에서 온 것 같은 아저씨, 그리고 예쁘게 수를 넣은 헝가리 수공예품을 파는 아가씨 등 활기차고 즐거움을 주는 사람들로 분주하다.

Mátyás Templom
마차시 성당

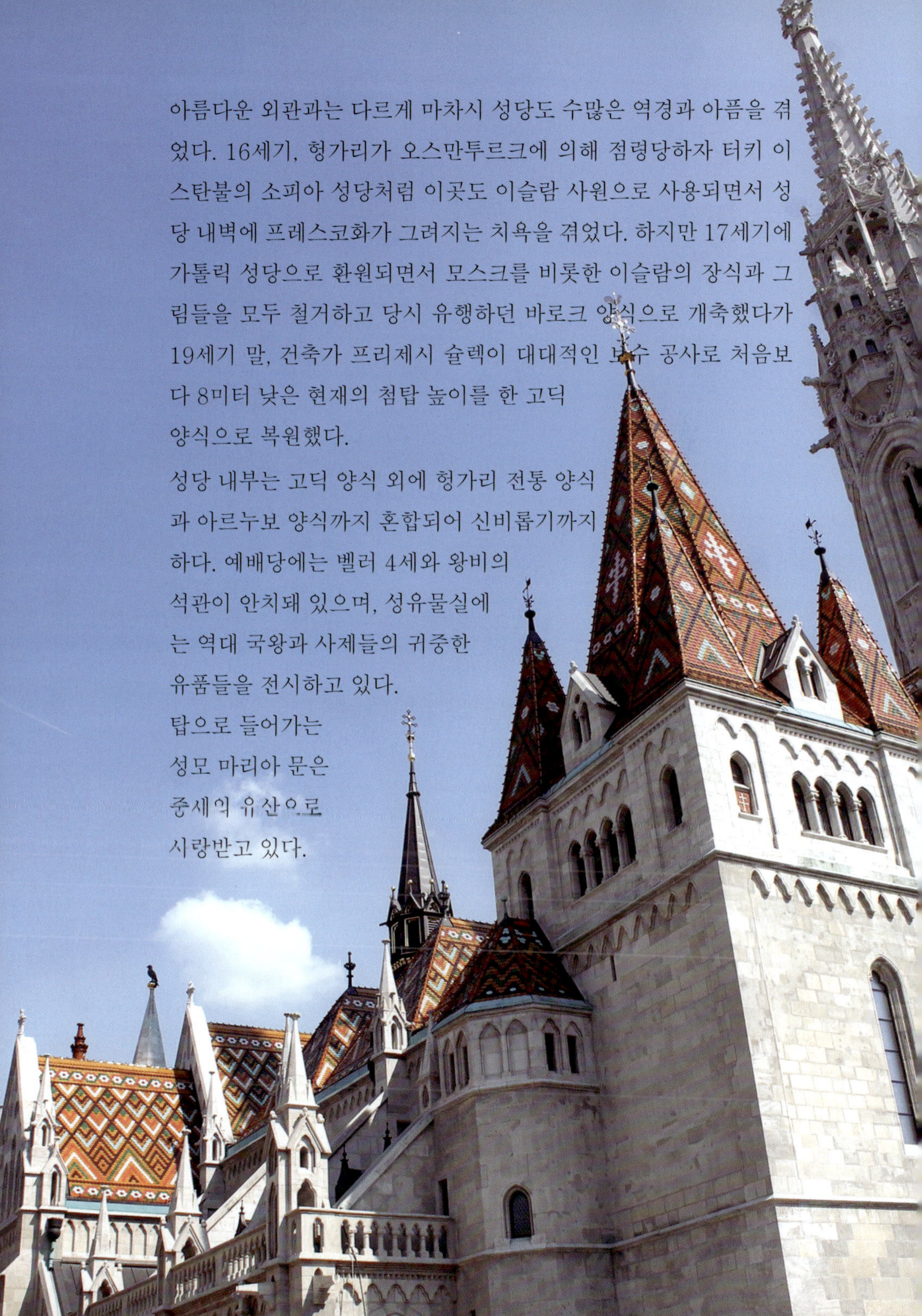

아름다운 외관과는 다르게 마차시 성당도 수많은 역경과 아픔을 겪었다. 16세기, 헝가리가 오스만투르크에 의해 점령당하자 터키 이스탄불의 소피아 성당처럼 이곳도 이슬람 사원으로 사용되면서 성당 내벽에 프레스코화가 그려지는 치욕을 겪었다. 하지만 17세기에 가톨릭 성당으로 환원되면서 모스크를 비롯한 이슬람의 장식과 그림들을 모두 철거하고 당시 유행하던 바로크 양식으로 개축했다가 19세기 말, 건축가 프리제시 슐렉이 대대적인 보수 공사로 처음보다 8미터 낮은 현재의 첨탑 높이를 한 고딕 양식으로 복원했다.

성당 내부는 고딕 양식 외에 헝가리 전통 양식과 아르누보 양식까지 혼합되어 신비롭기까지 하다. 예배당에는 벨러 4세와 왕비의 석관이 안치돼 있으며, 성유물실에는 역대 국왕과 사제들의 귀중한 유품들을 전시하고 있다. 탑으로 들어가는 성모 마리아 문은 중세의 유산으로 사랑받고 있다.

Budavári Palota

부다 왕궁

1987년 유네스코 세계문화유산으로 등재된 부다 지구의 중심엔 1,000년간의 역사와 함께한 네오바로크 양식의 부다 왕궁이 자리 잡고 있다. 13세기, 방어를 목적으로 벨라 4세에 의해 건축되었는데 마차시 왕은 이탈리아 건축가들에게 건물들을 변형된 르네상스 스타일로 짓게 했으며, 이를 계기로 부다가 알프스 북쪽 르네상스 문화의 중심지가 되기도 했다. 왕궁은 몽골군에 의해 파괴된 후 15세기에 재건되었는데, 이 마저도 오스만투르크에 의해 다시 파괴되었다. 또한 두 차례의 세계대전으로 왕궁은 또다시 막대한 피해를 입은 후 1950년대에 다시 세워진 현재의 모습으로 헝가리 역사와 운명을 간직하고 있다.

굴곡 있는 역사를 겪으면서도 우아함을 간직한 부다 왕궁은 현재 국립 현대미술관과 국립 세체니 도서관, 그리고 부다페스트 역사 박물관으로 사용되고 있다.

왕궁은 일반인에게 공개되지 않으며 역사 박물관과 헝가리 노동운동 박물관, 국립 미술관은 관람이 가능하다.

역사 박물관에는 파괴된 것을 복구하면서 발굴된 수많은 유물들이 전시되어 있으며 노동운동 박물관에서는 헝가리 투쟁운동과 사회주의 아래의 헝가리의 모습을 담은 역사적인 자료들을 볼 수 있다.

국립 미술관은 11세기부터 현대에 이르는 작품을 소장하고 있는 곳으로 특히 13세기 베러 3세 조각상과 헝가리를 대표하는 화가들의 작품을 볼 수 있는 곳이다. 이렇게 헝가리의 역사를 모두 볼 수 있는 곳이 이곳 부다 왕궁이기도 하다.

Széchenyi Lánchíd
세체니 다리

1848년 개통한 세체니 다리는 부다페스트를 흘러가는 도나우 강 위에 놓인 최초의 다리로, 다리 건설의 후원자이자 헝가리에 큰 공헌을 한 이슈트반 세체니Istvan Széchenyi의 이름을 따서 명명했다.
세체니 다리는 영국 템스 강의 런던브리지를 만든 영국의 설계기사인 윌리엄 T. 클라크와 건축가 애덤 클라크가 공사 책임을 맡았던 다리로 런던브리지와 닮은 점이 있다.
사실 이 다리가 만들어진 계기는 아버지의 부음을 받고도 기상 악화로 배를 타지 못해 강을 건너지 못했던 세체니의 개인적인 이유가 결정적이었지만, 그로 인해 도시의 가장 큰 문제였던 부다와 페스트 지역 간의 이동을 자유롭게 한 중요한 업적을 남기게 된다.

세체니 다리를 더욱 아름답게 만드는 몇 가지 특징들을 살펴보면 먼저 다리의 입구에 서 있는 사자상이 눈에 띈다. 총 네 마리의 사자상이 다리를 지키고 있는데 이 사자상은 하나로 만든 것이 아닌, 이어서 만든 것으로 제2차 세계대전 당시 파괴되었던 세체니 다리의 아픔을 상징하고 있다. 또한 사자상은 혀가 없다. 이것 또한 의미와 상징을 담고 있는데, 왕족과 귀족들이 살던 부다 지구와 서민들이 살았던 페스트 지역이 이 세체니 다리의 개통으로 인해 왕래와 교통이 시작되었지만, 계층과 수준이 다르다 보니 자주 불화와 충돌이 일어났다. 이러한 문제들에 대한 일종의 경고로 혀가 없는 사자 같이 서로 말을 조심하고 분쟁이 일어나지 않도록 조심하자는 뜻을 담은 것이라고 한다.

또한 세체니 다리를 더욱 아름답게 하는 것으로, 다리를 연결하고 있는 체인과 체인을 따라 이어진 380미터에 이르는 전등이 특별하다. 이로 인해 체인 브리지라는 이름으로도 불리는데, 밤이 되면 전등에 불이 들어와 모두가 보고 싶어 하는 세체니 다리의 야경을 만들어준다.

걸어서 다리를 건너며 바로 옆에서 흘러가는 도나우 강과 다리 양옆으로 펼쳐져 있는 오래된 건물들을 바라보는 것은 야경 못지않은 멋진 풍경이다.

다리의 가장 기본적인 목적은 '연결'이 아닐까.
이쪽과 저쪽을 연결하고, 도시와 도시를 연결해주고,
문화와 문화를 연결해주는 다리. 부다페스트에선 더욱 그렇다.
세체니 다리는 이 도시에 매력이 넘치는 아름답고도 멋진 '연결'을 만
들어냈다.

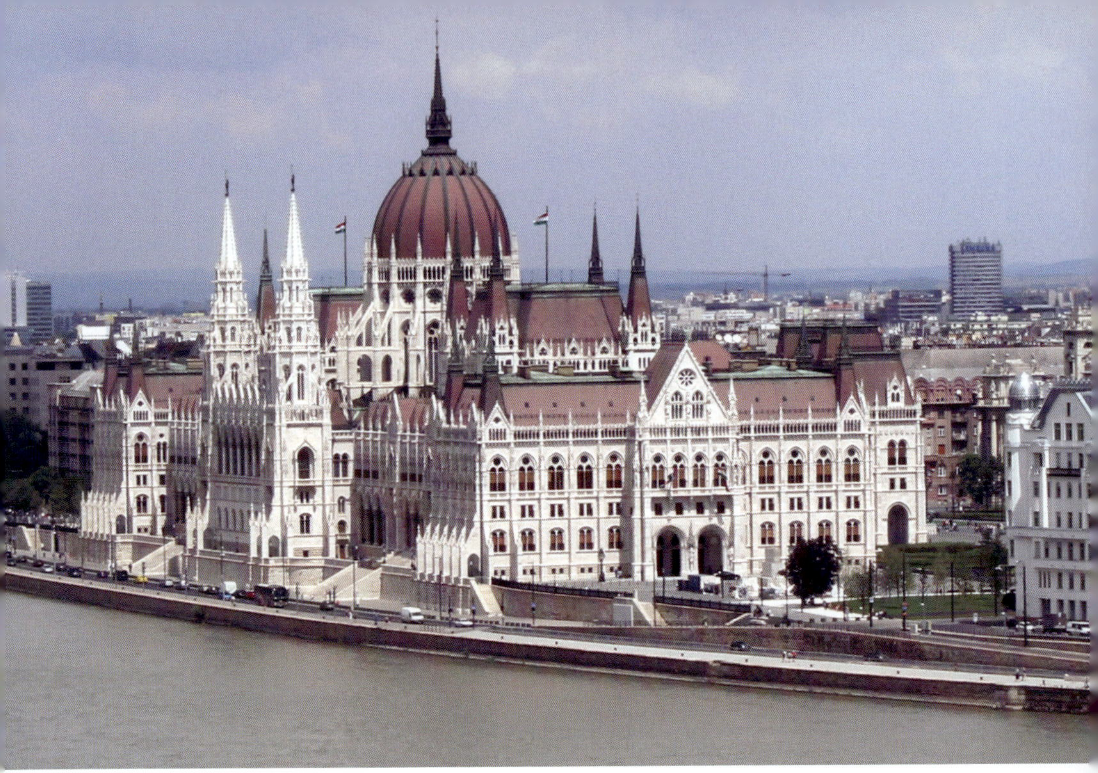

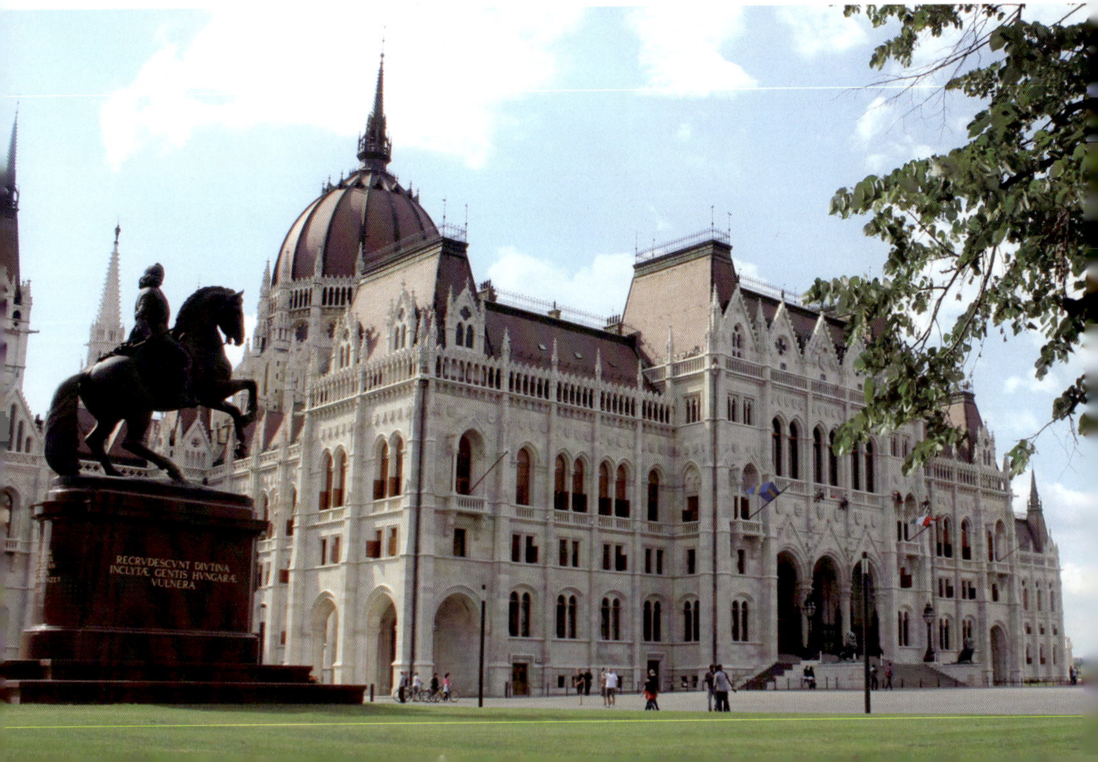
RECRVDESCVNT DIVTINA
INCLYTÆ GENTIS HVNGARÆ
VVLNERA

Országház

국회의사당

도나우 강가에 서 있는 네오고딕 양식 건물인 국회의사당. 건국 1,000년을 기념해 세워진 것으로 길이 268미터, 너비 118미터, 높이 96미터의 웅장한 규모로 집무실은 총 691개에 이른다고 한다. 영국 런던의 국회의사당에 이어 세계에서 두 번째로 큰 국회의사당이라는 것도 건물에 대한 대단한 수식어다.

하지만, 이 국회의사당 건물은 부다 지역, 특히 어부의 요새에서 바라볼 때 그 가치가 드러난다. 아니, 만약 이 건물이 없었다면 그 유명한 부다페스트의 야경도 조금은 맥이 빠졌을 것이 분명하다. 도나우 상에 비친 국회의사당 건물을 보기 위해 사람들은 부다 지역으로 올라간다. 어쩌면 국회의사당은 부나와 페스트 지역을 통들어 최고의 건물이다.

국회의사당 건물을 중심으로 강변과 광장에서 한참을 머물렀다. 헝가리 정치의 중심인 이곳은 여행자에겐 많은 볼거리를 제공하는 곳이기도 하다. 도나우 강변의 유대인을 추모하는 조형물도, 광장 안 곳곳에 만들어놓은 유명인들의 동상을 보는 것도 이곳에서 누릴 수 있는 특별한 즐거움이다.

Váci utca

페스트 지구에 위치한 바치 거리는 명동 같은 곳으로 이곳 최고의 쇼핑가이자 번화가다.

차들이 다닐 수 없는 보행자 전용 거리인 이곳은 도로 양옆으로 기념품 가게와 서점, 의류 매장 및 카페, 레스토랑이 모여 있어 구경하는 것만으로도 즐거움을 준다. 특히 헝가리 대표 음식인 굴라시와 장미 모양의 젤라토 로사 아이스크림은 반드시 맛보기를 권한다.

Nagy Vásarcsarnok
부다페스트 중앙시장

노란색과 초록색이 어우러진 마자르 스타일의 모자이크 지붕만 보고도 찾아갈 수 있는 중앙시장은 부다페스트 시민들이 가장 많이 찾는 시장이다.

신선한 과일과 채소, 육류, 가공식품, 빵 등을 비롯해 2층에는 헝가리 전통 의상과 수건, 손수건, 보 같은 수공예품을 팔고 있다.

특히 '헝가리 고추'로 불리는 파프리카가 유명하다. 예쁘게 포장된 피프리가 가루는 신물로도 인기기 많으며 고추가 담긴 올리브 오일도 인기가 많다.

우리와 마찬가지로 부다페스트에도 수많은 마트가 들어섰지만, 이곳 중앙시장은 미트보다 지렴하게 좋은 물선을 살 수 있어 많은 사람들이 찾는다.

시장은 즐거운 곳이며, 작은 흥분과 설렘이 늘 머무는 곳이다.

단골집에 모여 살아가는 애기를 묻고 답하는 그들을 보면서 비록 나라와 문화는 다르지만, 동시대를 살아가는 '이웃'의 모습을 발견한다.

Szent István Bazilika
성 이슈트반 대성당
EGO SUM VIA VERITAS ET VITA

초대 헝가리의 왕으로 헝가리에 기독교를 처음 전파하고 교황 그레고리오 7세로부터 헝가리의 사도 왕이라는 작위를 얻은 성 이슈트반 1세. 그를 기리고, 건국 천년을 기념하기 위해 세운 성당이 성 이슈트반 대성당이다. 이 성당은 1851~1905년에 이르는 약 50년 동안 세 명의 건축가들이 지은 로마네스크 양식의 성당으로 부다페스트 어디에서든 볼 수 있는 웅장함을 자랑한다.

성 이슈트반 대성당은 헌금함에 각자 자유롭게 기부하는 것으로 입장료를 대신한다. 안으로 들어가면 화려하고 웅장한 성당의 모습이 펼쳐진다. 화려한 프레스코화에 눈을 빼앗기고, 돔 형식으로 만들어진 천장을 올려다보고 좌우가 대칭이 되도록 그려 놓은 벽화까지 보면 놀라움은 극에 달한다.

거의 대부분이 금으로 칠해져 있는 천장은 곳곳에 그려 놓은 성 이슈트반의 초상화와 함께 화려하고도 정교한 아름다움을 보여준다.

성당 외벽에 라틴어로 써 놓은 글, "나는 너희의 길이요 생명이다"를 한 번 더 올려다보고 다시 거리로 나선다.

Hösök Tere
영웅 광장

1896년 헝가리 건국 1,000년을 기념해 만들어진 영웅 광장은 헝가리 역사의 중심에 있는 곳이다. 헝가리에서 가장 큰 광장이기도 한 이곳은 1956년 헝가리 혁명의 중심이었던 곳으로 세계대전으로 독일과 구소련에 지배받던 헝가리 국민들이 독립을 위해서 일어났던 역사적인 장소다.

페스트 지역에 위치하고 있는 영웅 광장은 유럽에서 두 번째로 놓인 지하철 1호선을 타고 회쇠크 테레 역에서 내리면 쉽게 찾아갈 수 있다.

광장 한가운데에는 코린트 양식의 기념비가 서 있다. 96미터 높이의 기둥 위에는 천사장 가브리엘의 동상이 있는데 오른 손에는 이슈트반 왕의 왕관을, 그리고 왼손엔 교황이 이슈트반 왕에게 수여한 '사도의 십자가'를 들고 있다. 그 아래로 헝가리 건국에 기여한 아르파트 족장을 비롯한 여섯 명의 마자르족 부족장들의 동상이 당시의 모습을 보여주고 있다.

가브리엘 상이 있는 기둥을 중심으로 양옆 기념비에는 초대 국왕인 이슈트반 1세를 비롯한 헝가리 역사에 큰 공을 세운 왕 및 귀족 열네 명의 동상이 서 있다. 헝가리의 역사적 내용을 가능한 많이 담으려고 했기 때문인지 광장엔 특히나 많은 조형물이 만들어져 있다.

열네 명의 동상 위에 전차를 탄 두 개의 청동상도 세워져 있는데. 광장의 오른쪽 편에 있는 왼쪽의 낫을 든 남자와 씨를 뿌리는 여자의 동상은 노동의 신성함을 상징하고, 오른쪽 뱀을 채찍으로 쓰는 남자의 동상은 용맹함을 뜻한다고 한다.

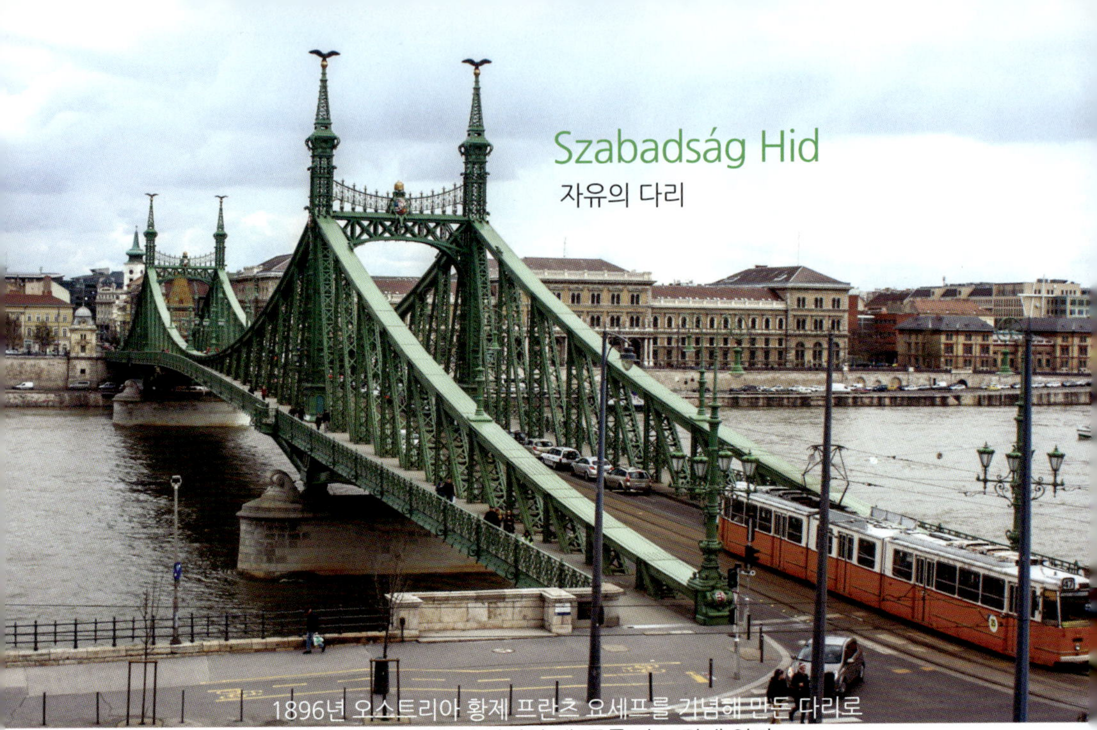

Szabadság Hid

자유의 다리

1896년 오스트리아 황제 프란츠 요세프를 기념해 만든 다리로 헝가리 민족의 상징인 전설의 새 '투룰'이 조각돼 있다.

제2차 세계대전과 공산당 집권 시절, 나치와 공산당이 사용했던 건물을 개조해 희생자들을 애도하며 암울한 역사를 기억하자는 의미를 담은 박물관이다.

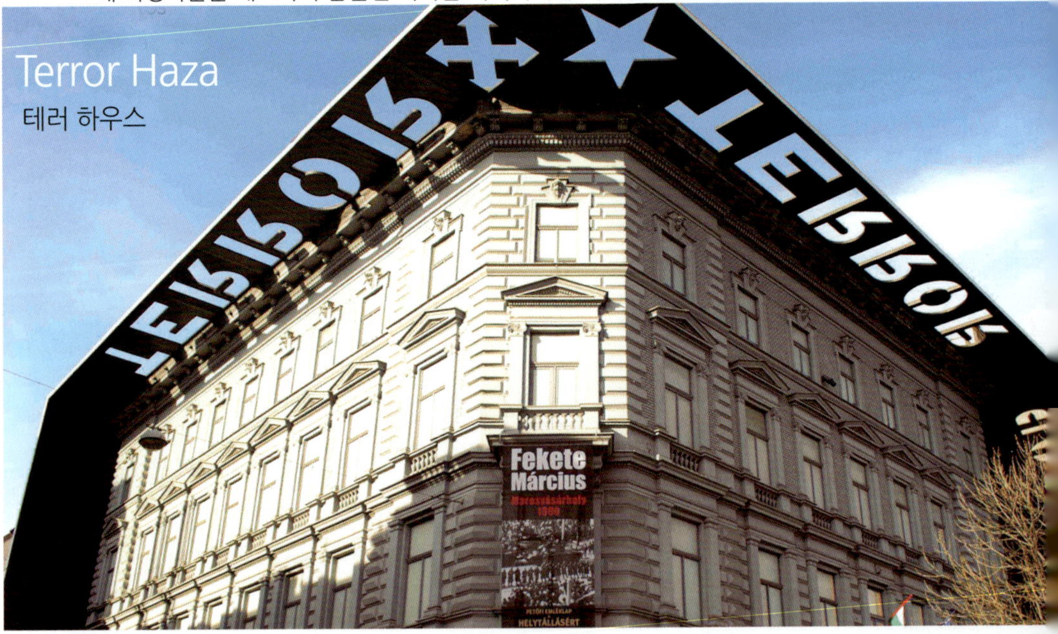

Terror Haza

테러 하우스

바이다후냐드 성은 드라큘라 이야기의 무대인 루마니아의 바이다후냐드 성을 모방한 건축물로 고딕, 르네상스, 그리고 로마네스크 등의 양식이 혼합되어 지어진 독특한 모양을 한 성이다. 현재는 농업박물관으로 사용하고 있으며 성 안에는 헝가리를 대표하는 시인이자 애국자로 존경받는 산도르의 동상과 1256년에 건축된 야키 수도원 교회가 있다.

매력적인 도시인 부다페스트로 오는 방법은 여러 가지가 있지만 그중에서도 유럽의 여러 도시에서부터 도착하고 어딘가로 출발하는 국제선 열차로 분주한 동역은 공항보다 더 많은 사람들로 북적이는 곳이다.
부다페스트 동역은 부다페스트에서도 가장 규모가 큰 역이며 오랜 역사를 가지고 있는 역이다.

헝가리 국립 오페라 하우스는 유럽의 유명 오페라 하우스에 비해 규모는 작지만 시설과 프로그램이 결코 뒤지지 않고 저렴한 가격으로 높은 수준의 오페라를 볼 수 있는 곳이다.

헝가리 국가를 작곡한 페렌크 에르켈Ferenc Erkel과 헝가리가 낳은 세계적인 작곡가 겸 피아니스트인 프란츠 리스트가 이곳의 개관을 위해 주도적 역할을 했다. 19세기 헝가리 건축물 가운데 중요한 의미를 가지는 건축물로 1875년에 공사를 시작해 1884년 9월 27일 헝가리 왕립 오페라 하우스라는 이름으로 개장했다.

미클로시 이비가 설계한 건물로 하나의 지붕이 객석과 지붕을 덮는 양식이나 건물의 외관은 전체적으로 빈의 슈타츠오퍼를 모델로 했다고 한다.

형가리는 국토의 80퍼센트에서 온천수가 솟아 1,500개에 달하는 온천 시설이 있는 나라다. 그중에서도 로마 시대 때부터 온천으로 유명했던 부다페스트에는 유럽에서도 큰 규모를 자랑하는 세체니 온천이 있다. 오래진 온천을 즐기던 로마인들이 물이 좋은 이곳의 온천을 개발했는데, 오스만의 지배하에 온천은 더욱 발전했다.

네오 바로크 양식으로 지어진 고풍스러운 세체니 온천은 현지인들에게 큰 사랑을 받는 곳으로 주로 가족이나 친구들과 함께 온 사람들로 붐비는 곳이다.

세체니 온천은 우리처럼 뜨거운 물이 아닌 38도 정도의 미지근한 물에서 수영 같은 물놀이를 하듯 오랫동안 몸을 담그고 체스 등의 놀이를 즐기는 온천 문화를 가지고 있다.

해마다 200만 명이나 찾는 부다페스트를 대표하는 명물로, 현지인들이 가장 추천하는 장소 역시 이곳 세체니 온천이다.

성 이슈트반 대성당 전망대, 그리고 어부의 요새 등 부다페스트에는 아름다운 야경을 볼 수 있는 장소들이 많다. 그중에서도 해발 235미터 높이의 바위산에 위치한 겔레르트 언덕에 올라가면 환상적인 부다페스트의 야경을 한눈에 볼 수 있다.

언덕 중턱에 세워진 성 겔레르트 기념비는 헝가리인을 기독교로 개종시킨 이탈리아 선교사의 이름에서 유래된 것으로 얀코비치 줄러가 1904년에 만든 작품이다.

아름다운 야경을 볼 수 있는 최고의 장소인 이곳은 1900년대 초까지만 해도 술집과 매춘, 도박장이 성행하던 곳이었지만 지금은 고급 식당과 카페들로 유명한 명소가 되었다.

Gellért Hegy
겔레르트 언덕

BL 586FB
OWN TOUR

200 km
TOKAJ
PÉCS
HORTOBÁGY
196 km

Andrássy út

도나우 강의 진주라든가 동유럽의 장미라고 불리는 부다페스트는 그
이상으로 아름다운 도시다. 도시 곳곳에 숨어 있는 보물을 발견하는 기
쁨으로 가득한 곳, 부다페스트.

Venezia
베네치아 _이탈리아

Piazza di San Marco

산 마르코 광장

광장의 한 켠에 자리잡고 300년에 가까운 시간 동안 문을 열어온
카페 플로리안Caffe Florian.

오가는 사람들의 행복한 얼굴을 바라볼 수 있는 장소로
베네치아에서 이곳보다 더 좋은 곳은 없다.

베네치아 여행의 중심, 산 마르코 광장.
베네치아에 온 사람들은 모두 이정표를 따라 먼저 이곳으로 모여든
다. 세계에서 가장 아름다운 광장이라 불리는 광장 주변에는 산 마
르코 성당, 두칼레 궁전, 종루 등 대부분의 볼거리가 모여 있으며 수
많은 비둘기들과 여행자들로 늘 복잡하고, 오래된 카페들과 레스토
랑이 자리 잡고 있다.
나폴레옹이 '유럽의 응접실'이라고 극찬했을 정도로 웅장하고 아
름다운 길이 175미터, 폭 80미터의 커다란 직사각형 모양을 한 종
루는 산 마르코 성당을 가장 잘 볼 수 있는 곳이기도 하다.

“세계에서 가장 아름다운

응접실”

당신도 동의하나요?

한 시간의 기다림을 뒤로 하고 엘리베이터를 타면 순식간에
96미터가 넘는 종루 꼭대기에 도착한다.
누구나 베네치아의 붉은 지붕과 아드리아 해의 푸른 하늘,
그리고 그 하늘을 담은 물길과 골목길에 눈과 마음을 빼앗긴다.

베네치아 공화국의 수호성인,
산 마르코를 상징하는 날개 달린 사자상.
베네치아에서는 어디서나 날개 달린 사자 깃발이 휘날리고
어디서나 이 사자 조각상을 볼 수 있다.

Basilica di San Marco
산 마르코 성당

베네치아인들의 정신적 구심점이 되는 곳, 산 마
르코 성당.

동양과 서양의 건축 기술과 장식 기법이 훌륭하
게 결합된 유럽 최고의 건축물로 알려진 산 마르
코 대성당은 성 마르코^{마가, Mark}의 유해를 안치하
기 위해 세워졌다.

464년에 이집트의 알렉산드리아에서 성 마르코
의 유해를 훔쳐온 베네치안 상인들이 아드리아
해가 보이는 이곳에 성당을 건축하고 유해를 안
치했는데 976년에 화재로 소실된 건물을 1042
년부터 30년에 걸쳐 재건했다. 동양의 비잔틴
양식과 서양의 로마네스크 양식을 절묘하게 혼
합한 아름다운 건물로 평가받고 있다.

이곳을 장식한 대부분의 장식품은 다른 나라에
서 가져온 것이라고 하는데, 특히 성당 정문 위
에 있는 네 마리의 청동 말은 십자군 전쟁 때
이스탄불에서 가져왔다가 나폴레옹에게 빼앗겨
파리의 카루젤 개선문에 세워 놓은 걸 나중에 되
돌려 받은 것이며 성당 앞 500개가 넘는 대리
석 기둥은 각국의 신전 기둥을 가져온 것이라
고 한다.

무엇이든 사오고, 가져온 베네치아 상인들의 진
취적이고, 뛰어난 상술과 외교력이 혀를 내두르
게 한다.

성당 내부는 황금빛으로 가득하다. 천장과 대리석 기둥에는 구약성서의 내용을 표현한 모자이크로 채워져 있고 최고의 보물로 사랑받는 팔라도르^{Pala d' Ore}라고 불리는 제단화는 비잔틴 예술의 걸작이라는 명성에 걸맞게 화려한 황금박과 다양한 종류의 보석으로 성경의 내용과 여러 인물들의 모습을 묘사해놓았다.

베네치아의 가장 대표적인 르네상스 건축물 가운데 하나인 시계탑
은 1496년 마우로 코두시에 의해 설계되었다.

 시계에는 별자리뿐만 아니라 해와 달의 상태까지 표시되어 있으며
위쪽으로는 마돈나 조각상과 성 마르코의 사자상, 그리고 상부에는
두 명의 무어인이 조각되어 있다.

처음에는 중앙부만 건축되었다가 1705년에는 양옆으로, 1755년
에 와서는 더 높게 건축되었다고 한다.

 《햄릿》, 《맥베스》, 《리어 왕》과 함께 셰익스피어의 4대 비극 중
하나인 《오셀로》는 베네치아 공화국의 원로원 의원의 딸 데스데
모나와 사랑에 빠진 무어인 오셀로의 비극적인 사랑 이야기이다.
이 이야기를 배경으로 베르디는 오페라 〈오셀로〉를 만들기도 했다.
문학과 음악의 두 거장, 셰익스피어와 베르디에게 영감을 준 것이
바로 산 마르코 성당 옆에 서 있는 바다색을 닮은 아름다운 시계탑
과 종을 치는 두 무어인의 청동상이다.

이 비극적 이야기의 주인공인 무어인은 500여 년 동안 매시간 마
다 종을 쳐왔다. 단 한 번도 멈춘 적도 없이 스녀들 것처럼 아름나운
빛의 시계탑을 올려다보며 사랑하는 아내를 죽이고 자신도 죽음을
택한 오셀로가 슬픔을 잊기 위해서 하루하루 시간이 가기를 바라며
단 한 번도 쉬지 않고 지금까지도 무거운 쇠망치를 힘겹게 들어올
리고 있는 것은 아닐까.

Palazzo Ducale
두칼레 궁전

아드리아 해에 인접한 두칼레 궁전은 베네치아의 부와 권력의 상징으로 지도자들의 공식적인 주거지였다.

15세기 고딕 양식의 궁전 정문인 포르타 델라 카르타를 지나면 베네치아의 힘을 상징하는 전쟁의 신인 마르스와 바다의 신 넵튠의 동상이 지키는 거인들의 계단이 나온다. 계단 위에는 베네치아 시의회 의원들의 회의실인 대평의원실이 있는데 이곳 출신 화가인 틴토레토 Tintoretto가 가로 24.65미터, 세로 7.45미터 크기에 그린 세계에서 가장 큰 유화인 〈천국〉을 볼 수 있다.

한쪽 벽을 가득 채우며 분위기를 압도하는 대벽화 앞에서 권력자 도제 Doge들에게 재판을 받고 '탄식의 다리'를 건너 감옥으로 향하던 사람들에게 이 〈천국〉은 어떤 의미로 남아 있었을까.

고딕 양식의 걸작품을 만들기 위해 흰색과 복숭아 빛의 대리석으로 정교하게 무늬를 넣은 아름다운 이 건물 앞을 여행자들은 하루에도 몇 번씩 지나간다.

은은한 분홍빛 궁전의 회랑에서 보이는 아드리아 해와 그 위를 미끄러지듯 오가는 곤돌라의 풍광이 아름답다.

Ponte dei Sospiri
탄식의 다리

베네치아에 온 사람이라면 누구나 찾는 인기 많은 곳인 '탄식의 다리'. 영국의 방랑 시인 바이런이 1797년 나폴레옹에게 점령당한 베네치아에 왔을 때 비통한 마음으로 "나는 베네치아의 탄식의 다리에 섰다"라고 표현한 것에서 이름이 유래되었다는 주장이 있지만 정설은 두칼레 궁전과 운하를 사이에 두고 있는 프리지오니 감옥으로 가는 다리를 건너던 죄수들이 어쩌면 마지막이 될지도 모르는 아드리아의 햇살을 바라보며 탄식했다고 해서 붙여졌다는 의견이 압도적이다.

중죄인만을 수감했다는 프리지오니 감옥은 17세기에 만들어진 후 탈출에 성공한 사람이 없없던 삼엄한 곳이었지만 단 한 사람, 지아코모 카사노바만이 여간수를 꾀어 유일하게 탈출에 성공했다고 전해진다.

San Giorgio Maggiore

산 조르조 마조레 성당

복잡하고 분주한 본섬을 떠나 여유롭게 바라보는

조금 더 특별한 풍경.

산 마르코 광장 앞에 떠 있는 산 조르조 마조레 섬에는 같은 이름을 가
진 성당이 있다. 1566년 안드레아 팔라디오가 설계해 1610년 빈첸초
스카모치에 의해 완성된 성당의 내부엔 틴토레토의 벽화 〈최후의 만
찬〉이 그려져 있다. 종루 위 전망대에 서면 산 마르코 광장과 두칼레 궁
전이 어우러진 아름다운 베네치아의 전경이 한눈에 보인다.

베네치아의 가장 큰 즐거움 중에 하나가 바로 바포레토를 타고
이 대운하를 유람하는 것이다. 물이 곧 길이고, 길이 곧 물인 세
상에서 가장 특별한 도시를 만나는 것이다.

시가지를 관통하며 흐르는 S자형의 대운하는 총길이가 3.8킬로미터
나 된다.
이 대운하를 중심으로 양옆 섬과 섬 사이 작은 물길이 나 있어 결국 본
섬 전체가 거미줄처럼 연결되어 흐른다.
베네치아는 10세기 말부터 이 대운하를 통해 해상 무역으로 경제적 번
영을 이루며 이탈리아에서 가장 부강한 도시라는 영예를 누렸다.
대운하는 베네치아의 젖줄과 같다고 할 수 있다.

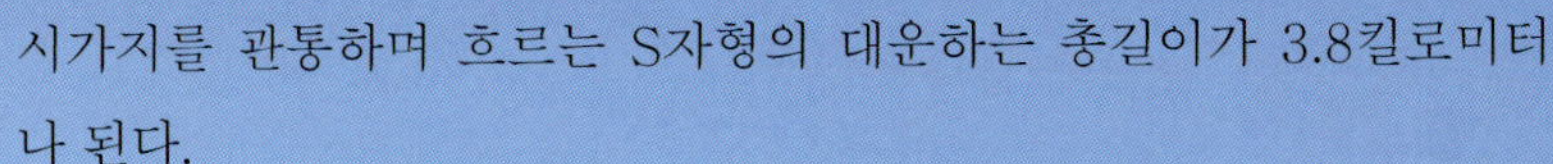

Basilica di Santa Maria della Salute
산타 마리아 델라 살루테 성당

산타 마리아 델라 살루테 성당은 17세기에 유럽을 휩쓴 페스트가
물러간 뒤에 성모 마리아에게 감사드리고 페스트로 목숨을 잃은 시
민들을 추모하기 위해 건축된 바로크 양식의 성당이다.
성당은 공모를 통해 당선된 발다사레 롱게나의 설계로 1682년에
완공되었다.

베네치아를 상징하는 랜드마크 중 하나인 리알토 다리는 1592년 완공되어 19세기까지 대운하를 가로지르는 유일한 다리였다.

처음 다리를 만들 당시 건축가를 공개 모집했는데 미켈란젤로, 팔라디오도 등 유명 예술가들이 지원했지만, 예상 밖의 인물인 안토니오 다 폰테가 공사를 맡게 되었다. 그리고 그와 관련해서 전해지는 이야기가 있다.

안토니오가 완공에 어려움을 겪고 있을 때 악마가 공사를 도와줄 테니 대신 맨 처음 다리를 건너가는 영혼을 달라고 제안했다. 안토니오는 사람의 영혼이라고 정한 것이 아니었기에 소나 양 같은 짐승을 맨 먼저 건너게 하리라 생각하고 이를 수락했다.

하지만 이것을 눈치 챈 악마는 다리가 완공된 후, 안토니오의 아내를 꾀어 제일 먼저 다리를 건너게 했다. 결국 사랑하는 아내와 뱃속의 아기의 영혼까지 악마가 가져갔다는 슬픈 전설이 그것이다.

그만한 가치를 가져서일까. 가장 아름다운 베네치아의 풍경을 볼 수 있는 곳이 바로 이 다리 위인 것이 말이다.

Ponte di Rialto
리알토 다리

라알토 다리는 처음엔 목조로 만들었다가 16세기 말 폭 22미터, 길이 48미터의 아치형으로 다시 지어졌다. 셰익스피어의 희곡인 〈베니스의 상인〉의 주요 무대가 되는 곳으로도 유명하다.

다리 위와 주변엔 상점들이 밀집해 쇼핑가를 이루고 있는데, 귀금속과 유리 장신구를 파는 상점들이 많다.

다리 위에서 보는 풍경이 매우 아름다워 언제나 많은 관광객들로 활기가 넘치는 곳이다.

리알토 다리 위에서 바라보는 대운하를 가득 메운
수많은 곤돌라와 배들이 있는 풍경은,
세계의 여행자들이 가장 많이 꿈꾸는 유명한
풍경 중 하나다.

Collezione Peggy Guggenheim

페기 구겐하임 미술관

현대 유럽 미술 수집가로 유명한 페기 구겐하임이 여생을 보낸 저택을 개조해 미술관으로 만든 곳이다. 페기 구겐하임 콜렉션은 1910년경부터 1960년대까지 제작된 피카소, 조르주 브라크, 막스 에른스트, 바실리 칸딘스키, 파울 클레, 피트 몬드리안 등 유럽을 대표하는 작가들의 작품과 함께 잭슨 폴록, 만 레이와 같은 미국의 유명한 현대 작가들의 작품 300여 점이 전시되어 있다.

페기 구겐하임은 현대 미술품들의 진가를 알아보고 사랑했던 미술 중독자였다.

중독되지 않았다면, 또 미치지 않았다면 이런 미술관이 생겨날 수 있었을까?

일상의 행복을 포기하고, 예술가와 미술을 사랑했던 그녀의 삶이 이곳에서 장소와 시간, 생각을 바꾸며 미래를 변화시키고 있다.

Burano
부라노섬

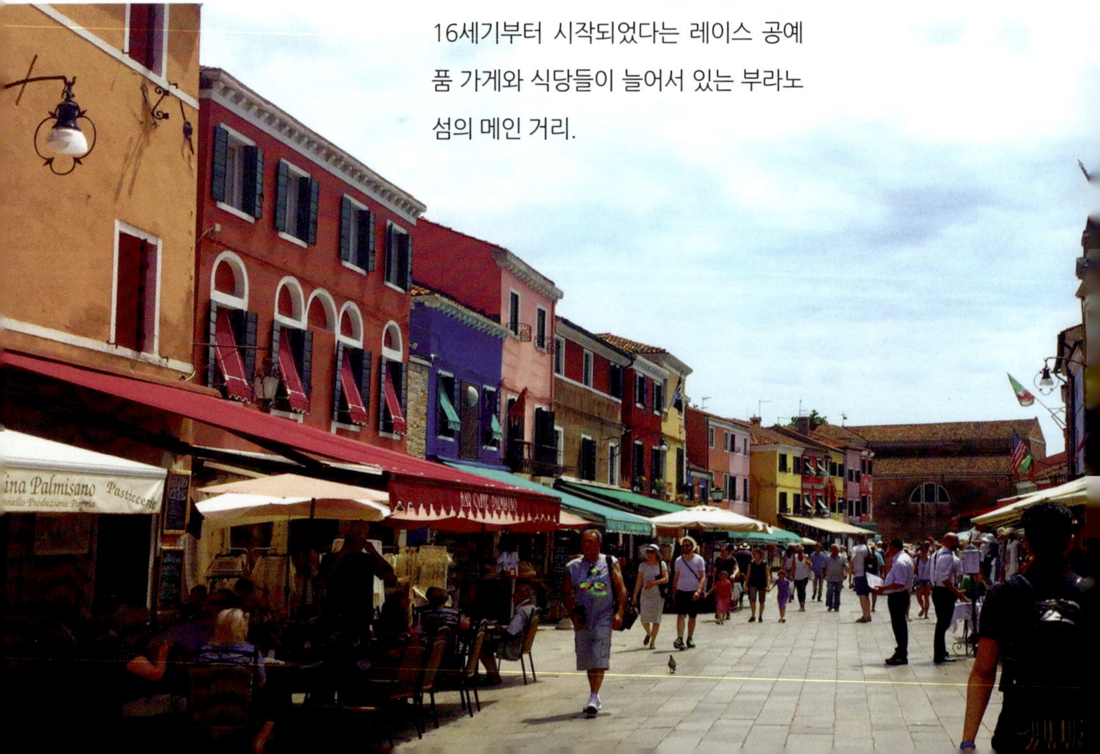

16세기부터 시작되었다는 레이스 공예
품 가게와 식당들이 늘어서 있는 부라노
섬의 메인 거리.

화려하지만 부드러운 빛깔이 가득
넘치는 부라노 섬은 56피스 파스
텔 상자를 열어 하루 종일 칠한 것
같은 예쁜 마을이다.
베네치아 특산품인 레이스 장식품
이 유명한 섬으로 베네치아 본섬
에서 수상버스로 약 1시간 거리에
위치하고 있다.

섬도 작고, 집도 작고 사람들도 많
지 않은 우리의 어촌을 닮은 섬 부
라노.
원색으로 온몸이 물든 것 같은 인
상 깊은 '색으로의 여행' 이다.

무라노 섬은 베네치안 글라스로 불리는 유리 공예로 유명한 섬이다.
무라노 섬의 대부분의 주민들이 유리 제품을 만들거나 유리 제품을
판매하는 일을 하고 있는데, 대대로 내려오는 전통 방식대로 세계 최
고의 유리를 만들어내는 장인들을 만날 수 있다.

Murano

무라노 섬

무라노 섬은 13세기 말, 화재를 예방할 목적으로 베네치아 본섬에 있던 유리 공방을 옮겨오면서 만들어진 섬이다.
곳곳에 전시하고 있는 유리 조형물들과 베네치아 유리 공예의 역사를 볼 수 있는 유리 박물관 Musro Vetrario di Murano이 유명하다.

Venezia

아무것도 없었던 바다 한가운데에 생긴 보석 같은 도시.
운하에서 운하로 연결된 다리를 건너는 특별한 산책.
언제까지라도 간직하고 싶은 소중한 추억이 가득한 이곳에
당신도 함께 있었으면 좋겠다.

Dubrovnik

두브로브니크 _크로아티아

사람들은 저마다 가슴에 아름다운 풍광 하나쯤 담고 살아간다.

언젠가, 다시 돌아갈 그곳을 품고 오늘을 살아간다.

Gradska Vrata Pile
필레 게이트

두브로브니크 구시가지로 들어가는 문은 모두 세 개다.

그중 가장 많은 사람들이 드나드는 문은 서쪽 필레 게이트다.

필레 게이트 앞은 버스를 비롯한 온갖 교통수단이 모이는 곳으로 늘 사람들도 북석인다.

필레 게이트는 아래에 해자가 있는 도개교로 문 위에는 크로아티아의 조각가인 이반 메슈트로비치가 조각한 두브로비니크의 수호성인 성 블라호 St. Vlaho가 서 있다.

곳곳에서 달려온 사람들은 이 문을 통과하면서 새로운 광경을 만나게 되는데, 필레 게이트는 두브로브니크 여행의 시작이 되는 곳이라 할 수 있다.

Onofrijeva Česma
오 분수

필레 게이트를 지나 조금 걸으면 작은 터널이 나오는데 그곳을 통과하면 모든 여행자들이 모이는 광장이 나온다. 그리고 그곳엔 '오노프리오'라고 부르는 분수가 있다.

두브로브니크의 물 부족 문제를 해결하기 위해 구시가지에서 20킬로미터 떨어진 스르지 산의 맑은 물을 끌어다가 만든 수도 시설로 1436년에 오노프리오가 만든 것이다.

처음엔 돔 위에 쿠폴라와 조각상으로 화려하게 장식했었던 것이 1667년 대지진으로 무너지고 현재 모습으로 남게 되었다.

16면으로 만들어진 분수는 각 면마다 각각 다른 사람 얼굴과 동물의 형상이 조각되어 있으며 조각의 입에 달려 있는 수도꼭지를 통해 물을 마실 수 있게 만들어놓았다.

이곳 구시가지에는 두 개의 오노프리오 분수가 있다.

이 분수를 큰 오노프리오 분수로 부르며, 플차다 대로 끝 루자 광장 옆에 있는 분수는 작은 오노프리오 분수라고 부른다.

지금도 여전히 식수로 사용되어 구시가지를 오가는 여행자들의 갈증을 해결해주며, 분수와 연결된 계난은 앉아서 쉴 수 있는 최고의 쉼터 역할도 한다.

Franjevački Samostan - Muzej
프란체스코 수도원 박물관

오노프리오 분수가 있는 광장에서 보면 성벽 투어를 하는 출입구 바로 옆이 사비오르 성당이다.

그리고 사비오르 성당과 프란체스코 성당 사이 좁은 골목 안으로 들어가면 프란체스코회 수도원 박물관으로 들어가는 입구로 연결된다.

프란체스코 성당 문 위에는 대지진 때에도 무너지지 않고 남았다는 피에타 조각과 성 제롬과 세례 요한의 동상이 서 있다.

성당은 각종 연주회로도 사용하고 있는데, 성당 주변과 들어오는 입구에는 공연을 알리는 포스터들이 세워져 있다.

프란체스코 수도원 박물관은 예쁜 정원과 함께 오래전 성문 개폐에 사용된 열쇠 네 개 등이 전시돼 있다.

이곳에서 가장 유명한 것은 수도원에서 운영하고 있는 약국인 말라브라체Mala Brace로 1317년에 문을 연 유럽에서 세 번째로 오래된 약국이다.

이곳에서는 전통적인 방법으로 만드는 장미 크림과 천연 화장품들은 보습력과 향이 좋아 인기가 많다.

플라차 거리는 필레 게이트와 플로체 문을 잇는 약 300미터 정도 되는 구시가의 대로라 할 수 있는 길이다.

이 길은 한때 베네치아 사람들이 살던 섬 쪽과 크로아티아 사람들이 살았던 내륙 쪽을 나누는 바닷물이 흐르는 운하였다.

후에 이 운하를 지나는 사람들에게 통행세를 대신해 돌을 받아 메운 다음 그 위에 대리석을 덮어 지금의 직선 길을 만들었다.

13세기에 처음 만들어진 길 양옆으로는 화려한 건물들이 즐비했었지만 1667년 대지진으로 인해 대부분 훼손되었다. 다행히 상당 부분을 복구했는데 지금도 반질반질하게 닳은 대리석이 깔린 길 양옆으로는 구시가지의 주요 건물들이 자리하고 있으며 고급 레스토랑과 노상 카페, 그리고 기념품을 파는 상점들이 많아 언제나 사람들로 북적인다.

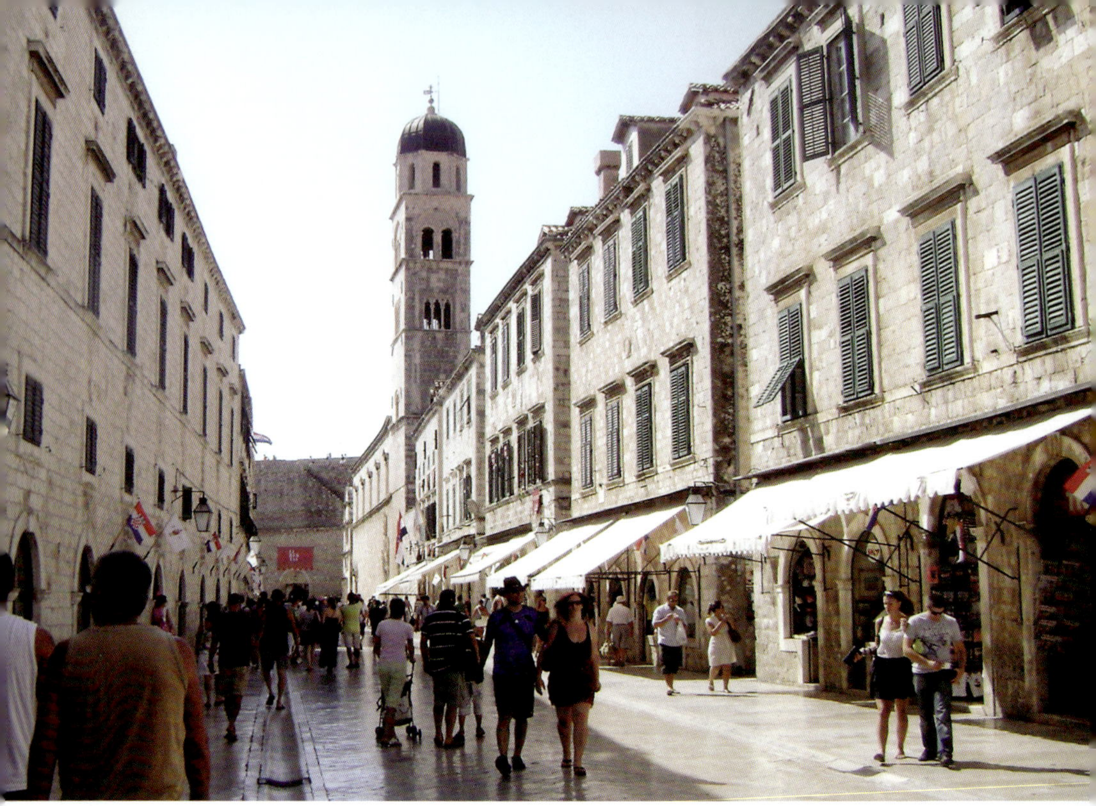

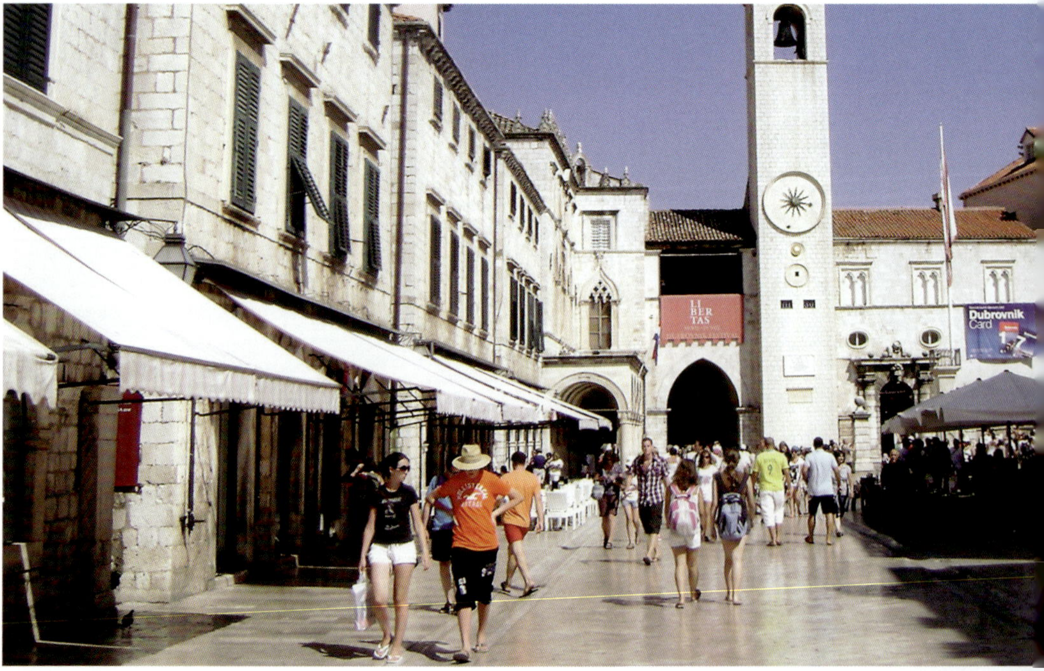
LI
BER
TAS
Dubrovnik
Card

여행은 '숨은 그림 찾기'와 닮았다.

이곳에는 '숨은 그림' 같은 보물들이 곳곳에 많다는 의미다. 굳이 그 보물이 무엇무엇이라고 지정할 필요는 없다. 보물은 내가 정하기 나름일 테니 말이다.

나만의 보물을 찾아가는 여행.

성 블라이세는 두브로브니크의 수호성인으로 병자와 가난한 사람들의 성인으로도 추앙받고 있다.

그를 위해 지은 성 블라이세 성당은 1667년 대지진 당시에는 큰 피해를 입진 않았지만 1706년 발생한 화재로 소실되었다. 폐허가 된 성당을 베네치아 출신 건축가인 마리노 그로펠리 Marino Gropelli가 베네치아의 성 마우리티우스 성당을 모델로 설계해 18세기 바로크 양식으로 다시 건축했다.

정면 중앙의 가장 높은 곳에는 왼손에 두브로브니크 성을 들고 있는 성 블라이세의 조각상이 서 있는데 이 동상은 지진과 화재 속에서도 아무런 손상도 입지 않았기에 성 블라이세가 여전히 두브로브니크를 지켜주고 있다는 믿음을 시민들에게 주고 있다.

매년 2월 3일에 열리는 성 블라이세의 축일 기념행사는 유네스코 세계 무형 문화재에 등재되어 있다.

호화로운 바로크 양식의 성당 내부 장식이 환상적인 분위기를 연출하는 이곳은 결혼식 장소로도 인기가 많다.

성 블라이세 성당 바로 앞에는 1418년 밀라노의 조각가 보니노^{Bonino}가 프랑스의 전설적인 기사 올란도(롤랑)을 조각해놓은 작품인 올란도 기둥이 있다.

프랑스 샤를 마뉴 대제의 열두 기사 중 수석 기사인 올란도는 이교도와의 싸움에서 주군을 보좌하다가 장렬하게 전사했는데, 이베리아 반도를 침략한 북아프리카의 이슬람 세력으로부터 기독교 세계를 지켜낸 기사 올란도의 영웅적인 행적을 담은 서사시가 유명하다.

국가의 주요 행사가 개최될 때마다 이 동상에 두브로브니크 공화국 국기가 꽂히고 칙령이나 성명을 발표할 때도 올란도 기둥 받침대 계단에 올라가 선포할 만큼 중요한 의미를 가지고 있는 조각이다.

또 하나 흥미로운 사실은 두브로브니크에서 사용하는 길이의 표준 단위인 엘^{Ell}이 올란도 조각의 손목에서 팔꿈치까지의 길이 51.2센티미터를 뜻한다는 것이다.

오래전엔 루자 광장에서 상인들이 물건을 사고팔 때 이곳에서 길이를 측정했다고 한다.

올란도가 들고 있는 검은 요정이 만들었다는 전설의 명검 뒤랑달로, 샤를 마뉴 대제가 하사한 것으로 알려져 있다.

재미있는 이야기를 간직하고 있는 올란도 기둥으로 인해 이곳 두브로브니크는 더욱 즐겁다.

플로체 문 가까이에 자리 잡고 있는 구시가지의 대표적인 광장인 루자 광장.

이 광장 주변으로 성 브라이세 성당과 스폰자 궁전, 렉터 궁전 등이 모여 있으며 가까운 곳에 대성당(성모 승천 성당)과 성 이그니티우스 성당도 있어서 구시가지 관광의 중심지라 할 수 있는 곳이다.

광장의 한쪽에는 높이 35미터의 종탑이 서 있다.

이 종탑은 1444년에 처음 만들었다가 파괴된 것을 1828년에 다시 만든 것이다. 꼭대기에 있는 2톤이 넘는 종만이 처음 건축했던 15세기의 것인데 종 옆에는 마로와 바로라고 부르는 무어인 형상이 망치를 들고 서 있다.

'리베르타스Libertas'는 여름 축제가 열리는 매년 7월이면 이 종탑과 올란도 기둥에는 붉은 넥타이가 걸린다.

종 아래에는 원형 시계와 낮과 밤을 상징하는 소형물이 붙어 있다.

ST BLAISE

Knežev Dvor
렉터 궁전

렉터는 '최고 통치자' 라는 뜻으로 이곳은 두브로브니크 시의 최고 지도자의 집무실이자 두브로브니크 정치의 중심이었던 건물이다. 1435년, 수로와 분수를 건설했던 오노프리오 데 라 카바 Onofrio de la Cava가 세운 것으로 후기 고딕과 초기 르네상스 양식을 혼합한 아름 다운 건축물로 궁전 정면의 여섯 개 기둥으로도 유명하다. 여름 축제 기간에는 이곳에서 클래식 음악회가 열리며 2층은 현재 시립 박물관으로 사용하고 있다.

Crkva sv. Ignacija
성 이그나티우스 교회

성 이그나티우스 교회는 전형적인 바로크 양식으로 지어진 건물로 성 사비에르와 함께 예수회를 창립한 성 이그나티우스를 기념한 교회다. 이곳에는 예수회 대학도 함께 있다.

겉모습에 비해 내부가 화려한데 성 이그나티우스의 생애를 그린 가에타노 가르시아의 프레스코화가 유명하다.

이 조용한 교회는 이곳에서 군들리체 광장으로 내려가는 계단이 미국 드라마인 〈왕좌의 게임〉 시즌 5의 수치의 행진 장면을 찍은 곳으로 알려져 덩달아 유명세를 타고 있다.

두브로브니크 대성당은 12세기, 십자군 원정을 마치고 영국으로 돌아
가던 리처드 1세가 로크룸 섬 근처에서 풍랑을 만나 난파되었다가 살
아 남은 것을 감사하며 세웠다.

처음엔 로마네스크 양식으로 지어진 성당이었지만 1667년 대지진으
로 무너진 이후 로마−바로크 양식으로 재건축되었다.

이탈리아 화가 티티아노의 〈성모 마리아의 승천〉이 있어 성모 승천 대
성당으로 불리기도 한다.

라파엘로의 〈마돈나〉를 비롯한 수많은 보물들을 보관하고 있는 성당
이다.

성벽 안, 두브로브니크의 구시가지는 '시간'이 멈추어 있었다.

13세기에 지어진 성벽이라고는 믿기 어려울 정도로 보존 상태가 훌륭하며 매우 견고하다.

성벽을 따라 걷다 보면 자연스럽게 언덕과 내리막길도 지나가게 되고 다양한 각도에서 아드리아 해와 사람들이 어우러진 모습을 바라볼 수 있다.

이렇게 길이 2킬로미터의 성벽을 걷다 보면, 현지인들의 '삶'을 엿볼 수 있다.

눈이 부시게 푸른 아름다운 아드리아 해를 볼 수 있다.

두브로브니크의 어제의 모습, 오늘의 모습을 만날 수 있다.

그리고 불타는 듯, 붉게 끝없이 펼쳐진 붉은 지붕이 만들어낸 풍광을 볼 수 있다.

전쟁으로 70퍼센트 이상이 파괴된 곳에 이런 모습이 만들어지다니……. 이렇게 만들기까지 또 얼마나 많은 수고와 희생이 있었을지 어느 정도 예상할 수 있으리라.

새빨간 붉은 지붕과 빛바랜 지붕이 절묘하게 조화를 이룬 풍광에 눈도 마음도, 온통 붉은 빛으로 물든다.

두브로브니크의 구시가지. 세상에 이런 곳이 또 있을까?
살면서 몇 번 볼 수 없을 아름다운 풍경 하나.
푸른 아드리아 해와 견고한 두브로브니크 성벽.
언젠가 이 아름다운 풍광 앞에 서 있을 그날을 기다리며……

Tvrđava Lovrijenac

로브리예나츠 요새

구시가지 서쪽 필레 게이트 근처 절벽 위에 세워진
로브리예나츠 요새는 서쪽에서 침입하는 적으로부터 도시를
보호할 목적으로 14세기에 만들어진 것이다.
두브로브니크 여름 축제 기간 중에는 공연과 콘서트가 열리는 곳으로,
특히 셰익스피어의 《햄릿》이 공연되는 것으로 유명하다.

성벽을 따라 걷다 보면 아드리아 해의 푸른 바다와 어우러
져 살아가는 현지인들의 진짜 사는 모습을 볼 수 있다.
여행은 어딘가에서 예쁜 삶을 살아가는 누군가가
또 다른 누군가의 삶을 바라보면서
'아름답다'는 단어를 떠올리는 것이다.

두브로브니크 여행의 하일라이트라
할 수 있는 성벽 위 걷기. 성벽의 길
이는 2킬로미터, 높이는 25미터. 두
께도 3미터나 된다.
두브로브니크 성벽은 10세기에 처
음 만들어진 후, 15세기에 오스만투
르크의 위협을 방어하기 위해 더 견
고하고 두껍게 증축됐다.
적의 침입을 막기 위해 육지 쪽 성벽
은 두껍고 바다 쪽 성벽은 얇게 만들
어졌는데 가장 얇은 곳은 1.5미터고
가장 두꺼운 곳은 6미터에 달한다.
성벽에서는 현지인들의 일상의 삶을
고스란히 바라볼 수 있다.

구항구는 플라차 대로 끝에 서 있는 종탑 아래로 나가면 된다.
현지인들의 고기잡이 배와 인근의 로크룸Lokrum과 차브타트Cavtat,
멀리는 흐바르와 스플리트 등으로 가는 보트들이 줄지어 서 있
는 곳이다.
주변에는 해양 박물관과 현지 음식을 맛볼 수 있는 유명한 식
당들이 많다.

Stara Luke Dubrovnik
두브로브니크 구항구

두브로브니크 구시가지에서 가장 가까운 해변이 반예 비치다.
동쪽 출구인 플로체 게이트를 나와서 조금만 걷다 보면 반예 비치 식당이 보이는데 그 식당 계단을 통해 내려가면 해변에 도착하게 된다.
'반해'라고 부르고 싶은 반예 비치는 아드리아 바다의 옥빛을 그대로 누릴 수 있어 크로아티아뿐만 아니라 다른 유럽 국가 사람들에게도 인기가 많다.

해변 주위엔 해양 스포츠 관련한 업소들이 많아 주변의 섬을 트래킹하
거나 스노클링을 하며 휴가를 보내기에 안성맞춤이다.
게다가 밤이 되면 해변 전체가 거대한 클럽으로 변한다고 하니 이보다
더 좋을 수는 없지 않을까.
하지만 반예 비치가 좋은 최고의 이유는, 아름다운 성벽을 바라보며 해
수욕을 즐길 수 있다는 점이다.
날마다 이곳 해변에서 일광욕을 즐길 수 있는 두브로브니크 시민들이
무척이나 부러웠다. 부러우면 지는 건데.

Buza Bar
부자 바

두브로브니크 성벽을 걷다 보면 누구나 보게 되는 곳이
성벽 아래 바닷가 바위 위에 자리 잡은 '부자 바'다.
크로아티아 어로 부자buza는 구멍이라는 말로 성벽에 난 구멍을
통과해서 들어가기 때문에 붙인 이름이라고 한다.
바위 위와 바다엔 물놀이를 즐기는 사람들로 항상 붐빈다.
구시가지에서 최고 인기 있는 장소다.

Srđ

스르지 산

두브로브니크의 구시가지와 아드리아 해를 한눈에 볼 수 있는 스르지 산은 해발 435미터의 산으로 케이블카를 타면 5분 정도면 올라갈 수 있다. 여름에는 이곳에서 해지는 것을 보려는 사람들이 많아 1시간 이상 기다리기도 하는 두브로브니크의 인기 장소다.

그러나 이렇게 아름다운 풍경을 볼 수 있기까지 슬픈 역사가 담겨 있다. 크로아티아가 1991년 10월 유고슬라비아로부터 독립을 선포하자 이를 막으려는 세르비아와 몬테네그로를 주축으로 하는 유고 연방군과 전쟁이 일어났다.

1991년 12월 6일, 유고 연방군은 크로아티아에 대규모 폭격을 가했고 이곳 두브로브니크에도 약 2,000여 발의 포탄이 떨어져 도시의 70퍼센트가 파괴되는 처참한 상황을 맞았다.

1969년에 설치된 케이블카도 그때 운행이 중단되었는데, 1995년 전쟁이 끝난 후 두브로브니크 시민들의 각고의 노력으로 많은 사람들이 찾아와 감탄하는 붉은 지붕의 아름다운 도시로 복구되었다. 케이블카도 19년 만인 2010년 5월 운행이 재개되었다고 한다.

당시 피난을 가지 않고 내전이 끝날 때까지 구시가에 남아 있었다는 한 사람이 자신의 상점 앞에 "보물도 자유와는 바꿀 수 없다"라고 써 놓은 말의 의미가 깊이 다가온다.

자유가 있기에 이렇게 아름다운 풍광도 볼 수 있는 것이니까.

Lokrum
로쿠룸 섬

스르지 산 전망대에서는 성벽에서 볼 수 없었던 '섬들의 왕' 으로 불리는 로쿠룸 섬이 한눈에 들어온다. 로쿠롬은 라틴어로 새콤한 과일이라는 뜻으로, 11세기 베네딕트 수도원 때부터 세계의 이국적인 나무를 재배한 데서 비롯되었다고 한다.
해변은 바위가 많지만 물이 깨끗하고 안전해 수영을 즐기기에 좋아 많은 사람들이 찾는 곳이다.

아드리아 바다는 더욱 푸르르고, 붉은 지붕은 더욱 붉게 빛난다.
두 개의 풍경이 어우러지며 만드는 절묘한 아름다움은, 왜 이곳 두브로
브니크를 '아드리아의 진주'라 부르는지 한번 더 깨닫게 한다.
짧은 탄성이 나온 이후 카메라 셔터 소리만 들릴 뿐 눈앞에 펼쳐진 지상
낙원의 아름다운 풍경에 모두가 할 말을 잊고서 한참을 그렇게 서 있다.

누군가가 말한 것처럼 집으로 가는 길은 항상 즐겁다.
지는 해를 배웅하며 집으로 돌아가는 작은 배 한 척.
아드리아 해의 시원한 바람이 가만히 배를 밀어준다.

두브로브니크 성벽 밖으로 아드리아 해를 향해 나 있는 길 끝에
서 있는 빨간 작은 등대.
그 아래에서 낚시를 하는 현지인에게 묻는다.
"이곳에서 사는 당신은 행복한가요?"
그가 나에게도 묻는다.
"이곳에 오니 행복합니까?"

당신도 비눗방울로 이렇게 즐거울 수 있는가.
나보나 광장에서 만난 아이에게서 행복은 크거나 값진 것이어야
하는 것은 아니라는 것을 배운다.
아이는 이곳에 왔기에 누릴 수 있는 특별한 순간을 즐기고 있었다.
여행은 그곳에 있기에 만나는 특별한 경험이라는 것을 알기에
아이에게서 여행의 의미를 배운다.

그날 광장은 세상에서 가장 행복한 웃음소리로 가득찼다.

그동안 여러 권의 책을 내면서 한 번도 하지 못했던 인사로 글을 마치고자 합니다.

많은 이들이 원하고, 또 꿈꾸는 책을 내는 훌륭한 진짜 여행가들이 많음에도 불구하고 저처럼 부족한 사람이 열 권도 넘도록 쓸 수 있도록 도와주신 많은 분들에게 감사의 마음을 전합니다.

책을 쓸 수 있는 지혜와 용기를 주신 하나님께 감사드립니다.

최고의 동역자이자 협력자인 사랑하는 아내, 이시온. 고맙습니다.

기도로 격려로 용기를 북돋아주신 믿음의 공동체 여러분 모두 고맙습니다. 사랑합니다.

늘 마감일을 넘기기 일쑤인 불성실한 작가를 인내로 기다려주신 모계영 대표님, 존경합니다. 고맙습니다.

'번짐' 시리즈에서 부터 격려와 위로로 힘을 실어주신 독자님들, 진심으로 고맙습니다.

이외에도 참으로 많은 감사가 필요합니다.

되돌아보니 책을 내는 일은 '기다리는 일'이었음을 깨닫습니다.

저는 마감을 기다리고, 출판사는 출간을 기다리고, 독자는 감동을 기다리는 것 말입니다.

언제 또다시 기다리는 일이 찾아올지 알 수 없지만 이 기다리는 일로 인해 너무 행복했습니다. 언젠가 우연히 모두 만나보기를 소원하며 마음에 담긴 고마움을 대신합니다.

한국인이 사랑한 유럽의 도시 9

_미리 알고 떠나면 더 행복한 유럽 여행

1판 1쇄 발행 2017년 6월 10일

지은이 백승선

펴낸이 모계영

펴낸곳 도서출판 가치창조

출판등록 제406-2012-000041호

주소 서울시 종로구 사직로 8길34, 1104호(내수동 경희궁의 아침 3단지 오피스텔)

전화 070-7733-3227   **팩스** 02-303-2375

이메일 shwimbook@hanmail.net

가치창조 공식 블로그 http://blog.naver.com/gachi2012

값 17,000원

ISBN 978-89-6301-152-3 13920